사람과 사람 사이

좋은 사람을 만나는 안목을 키우는 비밀

사람과 사람 사이

초판 1쇄 발행 | 2007년 9월 12일
초판 17쇄 발행 | 2010년 6월 14일

지은이 | 고철종
펴낸이 | 김선식
펴낸곳 | (주)다산북스
출판등록 | 2005년 12월 23일 제313-2005-00277호

PD | 최소영
다산라이프 | 최소영, 최윤석, 장보라
저작권팀 | 이정순, 김미영
마케팅본부 | 모계영, 이도은, 김하늘, 박고운, 권두리, 김하늘
홍보팀 | 서선행, 정미진
광고팀 | 한보라, 박혜원
온라인광고팀 | 하미연
디자인본부 | 최부돈, 손지영, 조혜상, 김태수, 황정민, 김희준
경영지원팀 | 김성자, 김미현, 김유미, 유진희, 정연주
미주사업팀 | 우재오, Erick R. Zimmerman
외부스태프 | 교정교열 한정아, 본문디자인 신현직, 표지디자인 김혜경 (337·3813)

주소 | 서울시 마포구 서교동 395-27
전화 | 02-702-1724(기획편집) 02-703-1725(마케팅) 02-704-1724(경영지원)
팩스 | 02-703-2219
이메일 | dasanbooks@hanmail.net
홈페이지 | www.dasanbooks.com

필름출력 | 엔터
종이 | 한서지업(주)
인쇄 제본 | 주식회사 현문

ISBN 978-89-92555-43-2   03320

책값은 표지 뒤쪽에 있습니다.
파본은 본사나 구입하신 서점에서 교환해 드립니다.
이책은 저작권법에 의하여 보호를 받는 저작물이므로 무단 전재와 복제를 금합니다.

사람과 사람 사이

좋은 사람을 만나는 안목을 키우는 비밀

고철종 지음

다산북스

 프롤로그

평소 관계를 뒤집어보면 인간관계 답이 보인다

영원한 숙제이면서도 정답을 찾기 어려운 것. 수많은 시행착오를 겪지만 다음번에 잘한다는 보장도 없는 것. 수많은 전문가가 있지만 각기 해법이 달라 혼란스러운 것. 상대에 따라 대입해야 할 변수가 너무 많고 그에 따라 결과도 다른 것. 이 모든 것으로도 설명하기 어려운 것이 바로 인간관계다.

좋은 사람을 만나는 안목과 그 사람과 좋은 관계를 유지해갈 수 있는 방법을 안다면, 인생의 성공은 80% 이상 보장된 것이다.

만남의 노정에서 어떤 때는 좋은 이를 만나 인생의 큰 힘을 얻는가 하면 돌부리 같은 사람을 만나 넘어져 생채기를 얻기도 한다. 그럴 때마다 좋은 사람, 좋은 동반자, 좋은 선후배를 만나는 일이 얼마나 중요한가를 새삼 느끼고, 또 그것을 위한 방법이나 나침반이 있으면 참 좋을 것이라고 생각한다.

인간관계에 관한 다양한 책들이 시중에 나와 있고, 그중에는 도움이 될 만한 책들도 많다. 이런 책들은 주로 심리학적인 관점에서 인간관계의 기술을 설파하거나 외국의 서적을 번역한 내용들이 주류를 이루고 있다.

필자는 이런 다양한 책들 속에 한국적 상황과 실제 경험에서 나온 통찰을 담은 내용들이 별로 없다는 데 착안해 이 책을 집필했다. 그리고 필자 자신이 서투르고 모난 인간관계 때문에 수많은 시행착오를 겪었다는 것도 펜을 든 계기였다.

기자는 각양각색의 사람을 만나 그들의 이야기를 간접적으로 경험하고, 그들과 교제하며 인간 군상이 만들어내는 사건의 의미를 파악하는 직업이다. 기자들은 대개 사회부 초년병 시절엔 인생의 밑바닥을 헤매는 범법자도 만나고, 부서를 옮기면서 재벌과 기업인, 정치인도 만나며, 예술인과 종교인과도 자주 접촉하게 된다. 때로는 서민들의 삶 속에서

땀과 눈물의 의미를 살펴보기도 한다. 그런 의미에서 가장 실패한 이들과 가장 성공한 이들을 함께 만나는 직업이 기자가 아닐까 생각한다.

필자 역시 직업이 주는 혜택으로 인해 다양한 사람들을 만났다. 그러다가 사람의 일생에서 성공 여부를 가늠하는 가장 중요한 요소가 바로 사람이며, 특히 인간관계를 잘 일구어가는 사람이 성공을 위한 가장 탄탄한 버팀목을 가진 것이라 생각하게 됐다.

이 책은 지극히 개인적인 경험의 발로에서 나온 것임을 분명히 해둔다. 실제로 경험했거나 주위 사람들의 경험들로 미루어 얻은 통찰들을 정리한 것이다. 그리고 많은 부분은 필자가 가지지 못한 부분에 대한 고백과 갈망을 표현한 것이다.

수많은 인간관계학이 나와 있는 시점에서 또 하나의 사설로 독자들에게 혼란을 초래할지도 모른다는 우려도 없지 않다. 그렇지만 책을 읽는 분들이 '그래 맞아' 하는 공감과 '그것도 괜찮은 생각이네' 라며 정보를 얻는다면 필자로서 더할 나위 없는 만족감을 느낄 수 있을 것이다.

이 책에서는 내외적 인간관계의 일반적인 관념을 뒤집어보는 방식으로 문제에 접근했다. 인간관계에 대해 많은 이들이 관념적으로 알고 있는 부분과 실제 상황이 많이 다르다고 판단해서다. 어떻게 보면 인간관계의 상식 뒤집기에 도전해본 셈이다.

전체적으로 이 책은 인간관계에서 기대치를 낮추라는 뜻을 담고 있다. 기대치를 낮추면 인간관계에서 받는 상처가 적고, 역설적으로 기대가 실현되는 기쁨을 자주 맛볼 수 있기 때문이다.

목 차

프롤로그 평소 관계를 뒤집어보면 인간관계 답이 보인다   004

첫 번째 이야기 만남

사람됨이 겉모습보다 중요하다?	014
독창적이고 당돌한 답변이 돋보인다?	017
인상을 보면 진면목을 알 수 있다?	020
경험에서 얻은 선입견도 중요한 판단 기준이다?	024
고생도 해본 사람이 낫다?	029
편하게 소개하고 판단은 서로에게 맡긴다?	032
기가 강해야 상대를 이긴다?	035
적당한 과시는 신뢰감을 준다?	038

두 번째 이야기 대화

말을 잘하는 능력이 성공의 핵심 요소다?	042
함께 일하면 생각도 비슷해진다?	047
설득에는 논리가 최선이다?	050
솔직한 충고가 약이 된다?	054
윗사람은 아첨을 경계한다?	057
쓴소리가 약이 된다?	060
잦은 칭찬은 자만을 낳는다?	063

세 번째 이야기 갈등

맞지 않는 관계도 노력하면 좋아진다? 068
억울함을 참고 견디면 진실은 결국 밝혀진다? 073
충돌은 무조건 피해야 한다? 077
매를 들 땐 따끔하게 들어야 한다? 080
동료애는 어려울 때 배가 된다? 083
누구나 상식적인 마인드를 갖고 있다? 086
가까운 사람 간의 갈등은 칼로 물 베기? 090

네 번째 이야기 화해

상처도 시간이 지나면 아문다? 094
용서하면 모든 관계가 회복된다? 097
사과는 언제 해도 늦지 않다? 100
화해는 잘못한 이가 먼저 청해야 한다? 104

다섯 번째 이야기 인맥

출세, 무엇보다 줄을 잘 서야 한다? 108
공적인 관계에 가족을 끌어들이지 말라? 113
많은 인맥이 최고의 재산이다? 116
부탁은 두루뭉술해야 부담을 덜 준다? 120
거절은 단호하게 하는 게 최선? 123

여섯 번째 이야기 성과

경쟁의 무대는 공정하다?	126
계속되는 성공이 능력을 인정받게 한다?	130
논공행상은 공평해야 한다?	133
동료의 성공을 진심으로 축하한다?	137
인재는 스스로 빛을 발한다?	142
편안한 조직이 안정적이고 효율이 높다?	146
검증되지 않은 일이나 사람은 쓰지 않는 게 안전하다?	149

일곱 번째 이야기 매너

겸손은 때로 경멸을 부른다?	154
싸움에서는 룰을 따질 필요가 없다?	157
입장이 바뀌면 태도도 바뀌게 마련이다?	161
여성은 남성과 똑같이 대해야 한다?	164
격의없는 행동은 친밀함을 더한다?	168
친밀도가 높을수록 강한 조직이다?	171
뚜렷한 개성은 대인관계에 감점 요인이다?	174
원칙과 일관성이 생명이다?	178
선물보다 마음이 중요하다?	183
이직, 떠나면 그만이다?	185
한번 고참은 영원한 고참?	189

여덟 번째 이야기 평판

내 평판은 내가 안다? 196
개천에서 용 난다? 198
부모 잘 만난 덕에 잘나간다? 200
무딘 낫보다 예리한 낫을 선택한다? 203
선배와 후배는 화성인과 금성인? 206

아홉 번째 이야기 소문

정보에 민감한 사람이 앞서 간다? 212
아니 땐 굴뚝에 연기 날까? 215
오해와 헛소문은 다르다? 218
헛소문은 뉴스가 될 수 없다? 222
친한 사이라면 비밀은 지켜진다? 225

열 번째 이야기 수양

베푼 만큼 거둔다? 230
자수성가한 이들은 배울 점이 많다? 234
위기의 순간에 하는 칭찬은 성인이나 가능하다? 239
남을 도울 때도 따질 것은 따져야 한다? 243
약점을 정확히 짚어줘야 역경 극복에 도움이 된다? 246
인색해야 재물을 모은다? 249
경험하지 않아도 알 것은 다 안다? 253
고통의 무게와 느낌은 사람마다 비슷하다? 257
참된 우정은 영원히 변치 않는다? 260
조직생활에서 정은 불필요한 감정이다? 264
은혜 모르는 사람이 너무 많다? 267

에필로그 인간관계 잘하는 사람은 포기할 수 있는 용기가 있다   270

첫 번째 이야기 _ 만남

사람됨이 겉모습보다 중요하다?

허접한 옷차림은 자만과 불성실을 보여준다

대학 때 미팅을 나가면 허술한 트레이닝복을 입고 나가는 친구가 있었다. 기숙사 생활을 하면서도 학교에 갈 때면 외출복을 꼭 차려입던 그 친구는 여대생과 미팅할 때는 반드시 트레이닝복을 걸치고 가는 것이었다.

한번은 그 이유를 물었다. 그 친구는 이렇게 답했다. "실속이 중요하지, 겉이 뭐 중요하냐? 그리고 우린 서울대생이잖아. 서울대생인데 잘 차려입고 갈 필요가 있어?"

가끔씩 재능은 뛰어난데 옷차림이 형편없는 사람들을 만나게 된다. 신문과 방송에 이름을 알릴 정도로 꽤 유명한 한의사 한 사람은 남대문에서 산 5천 원짜리 티셔츠를 즐겨 입으면서 또 이 사실을 남들에게 알리기를 좋아했다.

남을 접대하는 자리에서도 이 사람의 옷차림새는 변하지 않았다. 그래서 모처럼 초청한 데 응해 말쑥이 빼입고 갔던 사람들이 상대의 옷차림을 보고 당혹해하는 경우도 많았다. 머쓱하기도 하지만 무시당했다는 불쾌감 때문이다.

그런데 이런 사람들은 자신감이 넘치는 경우가 많다. 아무렇게나 입고 다녀도 사실은 자신이 대단한 사람이며, 이렇게 대단한 사람이 옷차림에 신경 안 쓰고 싸구려 옷을 입고 다니면 세상 사람들이 자신을 겸손하고 격의 없는 사람으로 생각하고 존경할 것이라고 착각하는 것이다.

옷은 자신이 좋으라고 입는 것이긴 하지만, 동시에 남을 배려하는 태도이기도 하다. 필자의 어머니는 요즘도 예전의 옷차림 때문에 겪은 일에 대해 후회하신다.

어머니는 일명 몸뻬바지를 선호하셨다. 집안이 기울면서 치장을 멀리하셨고, 마음가짐이 중요하지 겉모습이 뭐가 중요하냐고 생각하셨던 것이다. 필자의 대학 입학식 때 난생처음 서울에 오신 어머니는 몸뻬바지를 입으셨다. 양복을 입으셨던 아버지가 극구 말리셨지만, 겉모습이 뭐가 중요하냐며 그 옷을 고집하신 것이다.

부끄럽고 민망했다. 물론 아버지도 마찬가지셨다. 처음엔 아무렇지 않게 여기시던 어머니도 시간이 지나고 필자의 친구와 그들의 부모를 만나면서 불편해하시는 것 같았다. 나중에 어머니는 그때 남편과 아들에게 참 미안했다고 얘기하셨다. 예사로 생각한 옷차림 때문에 남편과 아들의 체면을 구겼다고 느끼셨단다. 어머니는 요즘도 아들과 며느리들에게 옷을 잘 입고 다니라고 당부하신다.

정갈한 옷차림은 상대에 대한 배려

옷차림은 그릇이다. 좋은 그릇은 그 속에 들어 있는 내용물을 더욱 가치 있게 만들어준다. 반대로 아무리 좋은 내용물이라도 좋지 않은 그릇에 담겨 있으면 그 가치를 알아채기가 매우 힘들다. 좋은 책도 형편없는 디자인으로 포장되면 잘 팔리지 않듯, 형편없는 옷차림 속에 들어 있는 훌륭한 재능을 알아볼 수 있는 직관을 가진 사람들은 많지 않다.

상대와 의미 있는 관계를 맺기 위해서는 포장이 필요하다. 포장이 잘못되면 선택을 받을 수 없고, 자신이 가진 내면의 실속을 보일 기회를 잃어버리는 것이다.

또한, 누가 알아주고 아니고를 떠나 정갈한 옷차림은 만나는 상대를 얼마나 소중히 생각하고 있는지 보여주는 태도인 동시에 배려이다. 그리고 그런 배려를 통해서 관계가 깊어지고 지속될 수 있다.

독창적이고 당돌한 답변이 돋보인다?

의례적인 질문에는 의례적인 답변이 낫다

지나치게 독창적이고 당돌한 말투는 적극적으로 보이기보다는 조화로운 성격을 가지지 못했다는 인상을 줄 가능성이 많다.

현재 모 벤처캐피털을 운영하고 있는 선배 한 분은 술만 취하면 예전의 면접 무용담을 자랑스럽게 이야기한다. 모 금융사의 최종 면접에서 면접관이 가장 좋아하는 게 뭐냐고 묻자, 그 선배는 "제가 가장 좋아하는 것은 여자입니다. 세상의 모든 여자를 다 안아봤으면 좋겠습니다"라고 답했다고 한다.

그러자 면접관들이 선배의 호방함과 솔직함을 높이 사 채용했고, 바로 비서실에서 근무하게 됐다는 것이다. 아이러니컬하게도 당돌하고

'솔직'한 답변으로 면접 점수를 높게 받았던 그 선배는 요즘 신입사원을 면접할 때 자신처럼 답변하는 응시생은 무조건 탈락시킨다고 한다.

그 선배의 변명인즉, 세상을 품을 듯한 무모한 기개를 높이 평가했던 시절도 있었지만 요즘은 세상이 바뀌었다는 것이다. 세상이 바뀌면 방법도 바뀌어야 한다는 것이 선배의 철학이었다.

신입사원에게 면접관들이 자주 던지는 질문 중에, "강성 노조를 어떻게 생각하느냐?"는 의례적인 질문도 그렇다. 이 질문에 솔직하고도 용감하게, "자본주의 사회에서 자본주가 가진 우월한 권력에 현실적으로 대응하기 위해선 노조활동도 강성으로 치달을 수밖에 없다고 생각합니다"라고 답변한다면 십중팔구 떨어질 것이다.

이런 질문을 하는 의도는 실제 본인의 생각은 다르더라도 상황에 따라 얼마나 임기응변을 발휘할 수 있으며, 나아가 조직에 순응할 수 있는 조화로운 인격을 가졌는가를 알기 위한 것이기 때문이다. 답변이 맞고 틀리고를 떠나 융통성 없이 고지식하게 대답한 응시자는 입사 후에 조직생활에 적응하지 못하고 돌출행동을 할 가능성이 높다고 생각하는 것이다.

당돌하고 튀는 답변은 교만에서 비롯된다

필자 역시 이와 비슷한 경험이 있어서, 입사 시험에서 고배를 마신 적이 있다. 모 종합일간지의 최종 면접에서 면접관 가운데 한 분이 이런 질문을 했다.

"우리 자매지에 경제일간지가 있는데, 그쪽에 1년 정도 있다가 종합지로 다시 돌아오면 어때요? 자매지만 따로 모집하니까 좋은 인재들이 안 모여서 그럽니다. 어때요? 그래도 일할 의향이 있나요?"

함께 면접을 봤던 선배 두 사람이 붙여만 주면 어디로 보내든 개의치 않겠다는 '정답'을 말하는 걸 보고 비겁하다고 생각했던 필자는 속내를 내보이며 당돌하게 밀어붙였다.

"사실 방송사에 가고 싶었는데 그쪽에서 몇 년째 신입사원을 뽑지 않아 마지못해 이쪽에 응시했습니다. 만약 경제부나 정치부로 보내주신다면 여기에 있겠지만, 경제지에서 근무하라고 하신다면 일할 생각이 없습니다."

이 답변을 듣고 옆에 있던 두 선배가 필자를 쳐다봤다. 면접 시험이 끝나고 방을 나오는 순간, 사장님이 필자를 불러 세웠다.

"고철종 씨, 내가 인생의 선배로서 한 가지만 이야기해주고 싶은 게 있어요. 시험 성적을 보니까 아주 훌륭한데, 면접 보는 태도에 문제가 있군요. 면접관이 묻는 의도를 알 만한 사람이 그렇게 말하면 안 돼요. 다른 데 가더라도 시험은 붙겠지만, 그런 태도는 사회생활에 좋지 않아요."

떨어졌구나, 하고 직감적으로 느끼면서 교만함을 스스로 반성했다. 함께 면접을 봤던 세 사람 가운데 선배 두 사람은 붙고 당연히 필자는 떨어졌다.

당돌함은 대개 교만에서 비롯된다. 면접이나 사람들과의 첫 만남에서 상대방이 뻔한 질문을 할 때는 상식적인 선에서 답변하는 것이 관계가 무르익기 전까지 지켜야 될 '상식'이다.

인상을 보면 진면목을 알 수 있다?

사람을 잘 본다는 것은 '착각'

인상이 좋다는 것은 큰 재산이다. 가난한 집에 태어나 뼈빠지게 고생하여 연봉 수억대의 보험설계사로 크게 성공한 친구가 이런 말을 했다. 한때는 가난한 부모님을 원망했는데, 보험영업을 하면서 좋은 인상을 주신 부모님께 정말 감사하다는 생각을 하게 됐다는 것이다.

어떤 일을 하든, 인상은 그 사람을 평가하는 중요한 기준이 된다. 특히 사람 대하는 일을 하는 사람에겐 좋은 인상만큼 소중한 자산은 없다. 그것이 가장 확실한 광고이며 마케팅이기 때문이다. 그리고 갈수록 그런 경향이 강해지는 것 같다. 영업뿐만 아니라 정치에서도 미인의 당선 확률이 훨씬 높고, 스포츠계에서는 성적은 중간쯤 하는 미녀

선수의 수입이 1등을 하는 평범한 외모의 여자선수를 능가한다.

이는 사람들이 외모, 즉 인상으로 타인의 가치를 평가하는 경향이 있다는 사실을 말해주는 것이다. 표피적인 인상이 절대적인 영향력을 미치는 가운데서도 사람들은 끝까지 자기 확신을 버리지 않는다.

"내가 사람 하나는 누구보다 잘 본다." "내가 보는 눈이 틀린 적이 없었다." "척 보면 어떤 사람인지 알 수 있어." "인상이 안 좋은 사람들은 나중에 틀림없이 문제를 일으켜."

모두들 상대의 겉모습만 보고 판단하면서도 외모 뒤에 숨어 있는 타인의 가치까지 잘 평가하는 식견을 갖고 있다고 생각하는 것이다. 그러다 보면 세상에 관상쟁이가 아닌 사람들이 별로 없다는 사실에 놀라게 된다. 하지만 자신의 직관력을 자랑하는 사람들은 가끔씩 자가당착에 빠져 이렇게 말한다.

"저 사람, 내가 볼 때는 그럴 사람이 아닌데." "어 웬일로 저렇게 잘 나가지?" "저런 천사 같은 얼굴로 그랬다니 믿기지가 않아."

기자생활을 하면서 돌이켜보면, 세상을 떠들썩하게 만들었던 흉악범들이 의외로 왜소하고 천진한 인상이라는 사실에 놀랄 때가 많았다. 인상이란 그만큼 함정이 많은 것이다.

언젠가 마포의 한 고깃집에서 친한 기자들과 오랜만에 한잔하고 있었다. 회사 돌아가는 이야기, 취재하면서 겪은 고충 등으로 대화가 무르익어갈 즈음, 틀어놓은 TV에서 9시 뉴스가 방영됐다.

당시 수도권을 공포로 몰아넣었던 연쇄 살인 사건에 관한 내용이어서 사람들의 시선이 쏠렸다. 사건을 취재한 기자의 목소리가 전해지는 가운데 범인의 몽타주가 나오고, 마지막으로 기자가 얼굴을 보이면서 사건이 장기화될 전망이라고 전했다.

그때 옆자리에서 가슴 서늘한 이야기가 흘러나왔다. "야, 쟤 좀 봐. 저 기자, 범인과 닮지 않았니?" 한 사람이 이렇게 묻자 앞에 있던 이가 "그래, 맞아. 아니, 기자가 더 범인 같다"라고 말했다. 그랬더니 옆에 있던 사람은 "어, 나도 저 기자 알아. 근데 쟤만 나오면 재수가 없더라. 난 채널 돌린다" 하며 한술 더 뜨는 것이었다.

옆자리에 방송기자를 포함해 기자가 여럿 있다는 걸 알았다면 그렇게까지 심하게 이야기하지는 않았겠지만, 거나하게 취한 몇몇 젊은이들이 무심코 던진 이야기는 묘한 생각을 불러일으켰다.

뉴스의 본질인 취재 내용보다는 기자의 얼굴에 더 관심을 가지고, 그 인상이 좋지 않다며 감정적으로 외면하는 상황을 보며 세상이 얼마나 겉모습에 집착하는지 절실하게 느낀 것이다. 인상이 좋지 않다는 그 기자는 필자가 잘 아는 후배였다. 뛰어난 취재력에다 취재원을 따뜻하게 바라보는 시선까지 지닌 훌륭한 친구였다.

첫인상으로 상대를 모두 파악할 수 있을까? 수많은 이들을 만나면서 첫인상이 정확했던 때보다는 아닌 때가 더 많았다.

관상쟁이도 어려운 인상학

친분 있는 모 대기업의 인사 담당 부장은 자신이 직접 면접에 들어갈 때도 그렇고 임원들이 신입사원을 면접하는 장면을 지켜보면, 예외 없이 잘생기고 예쁜 응시자들에게 훨씬 많이 질문하더라고 한다. 그리고 그 질문의 내용도 우호적인 것이 많다는 것이다. 이를 입증하듯, 어떤 설문조사에선 면접관의 90%가 응시자의 인상이 면접 점수에 큰 영향을 미친다고 답하기도 했다.

하지만 정작 뽑고 나면 후회하는 경우도 많다고 그는 토로했다. 사람 선발에 이력이 난 전문가들도 결국은 겉모습에 많은 비중을 두고 있으며, 그에 따른 판단착오도 많다는 사실을 알려주는 것이다.

불후의 고전인 『삼국지』에도 인상에 대한 에피소드가 많다. 그 가운데 하나가 제갈량에 버금가는 천재 책사인 방통의 이야기다. 천하의 주인공 가운데 한 명이었던 손권은 들창코에다 시커멓고 못생긴 방통을 보고 "저런 사람이 무슨 재능이 있겠느냐"며 첫눈에 방통을 외면했다. 그리하여 중요한 시기에 하늘이 내린 재능 있는 인물을 얻을 수 있는 기회를 놓치고 말았다.

사람을 판단하는 데 있어 가장 위험한 요소 가운데 하나가 첫인상이다. 앞서 말했듯이, 사람들이 상대를 판단할 때 외모 이면에 있는 자질까지 꿰뚫을 수 있는 정확한 직관력을 가졌다고 착각하면서 실제로는 외모에 절대적인 비중을 두고 있기 때문이다. 최소한 서너 번은 만나봐야 상대의 진짜 개성과 가치가 보인다. 그리고 나서 조심스럽게 판단해도 늦지 않다.

성경에도 외모로 사람을 판단하지 말라는 내용이 있다. 인상으로 사람을 판단할 수 있다는 환상은 좋은 사람을 쉽게 만날 수 있는 지름길에서 멀어지는 우회로이다.

경험에서 얻은 선입견도
중요한 판단 기준이다?

선입견은 점쟁이의 말과 비슷하다

'전라도 사람은 어떻고 경상도는 어떻다더라.'
'운전하는 것을 보면 어디 사람인지 알 수 있다.'
'역시 고생을 해본 사람이 낫다.'
'공부 잘하는 애들은 대부분 키가 작고 안경을 쓴다.'
'운동선수들은 머리가 나쁘다.'

사람들은 참 많은 선입견을 지니고 산다. 심지어는 무슨 성을 가진 사람들은 겨드랑이에서 냄새가 많이 난다, 어디 고등학교 출신들은 이혼을 많이 한다는 등 정말 얼토당토않은 선입견까지 있다.

선입견은 자신이 경험에서 얻은 것인 줄 알고 있지만, 곰곰이 생각해보면 남이 '그렇다더라' 하는 것을 검증 없이 받아들인 경우가 대부분이다. 또 마음속에 있는 열등감이나 우월감이 윤색되어 만들어진 것도 많다.

선입견은 스스로 진화하고 강화되는 경향이 있다. 그리고 수많은 경우의 수 중에서 아주 작은 한 부분을 경험하고는 '역시 그래' 라며 그 선입견을 마음속에서 더욱 강화시킨다. 마치 역술인이 말한 열 마디 중에 한두 마디만 맞아도 용하다고 생각하는 심리와 비슷하다. 정확히 따져보면 80%가 틀린 것인데도, 20%만으로도 선입견이 이기고 만다.

판단은 자유지만 결정은 피해야

동양이든 서양이든 사람 사는 곳의 정서는 비슷한 모양이다. 프랑스에서 이런 일이 있었다고 한다. 자수성가로 훌륭한 의류기업을 일군 기업인이 있었다. 이 사람은 두 아들이 장성해 배우자를 찾을 때쯤 간절히 기도했다. 자신의 기업을 물려받을 두 아들이 회사를 잘 운영할 수 있도록 내조 잘하는 며느리들을 맞게 해줍사, 하고 말이다.

특히 회사의 모기업을 물려줄 큰아들이 훌륭한 아내를 얻을 수 있기를 바랐는데, 그는 자신이 고생 끝에 기업을 일군 탓에 돈을 소중히 여겼고 큰며느리도 가난한 집 출신이기를 내심 바랐다. 그래야 돈의 가치를 알고 근검절약하며 집안의 재산을 잘 유지해갈 것이라 생각했기 때문이다. 그의 바람대로 큰며느리는 가난한 집에서 얻었다. 반면, 작은아들은 유복한 지역유지의 딸과 결혼했다.

얼마 뒤 큰아들은 모기업을 물려받고, 작은아들은 계열사를 물려받았다. 그런데 몇 년이 흐르고 보니 기대했던 큰아들의 회사는 엉망이 되고 가정도 파탄이 난 반면, 작은아들의 회사는 승승장구했고 가정도 화목했다. 우리가 일반적으로 알고 있고 또 그렇게 되기를 바라는 공식과는 전혀 다른 결과가 나온 것이다.

이유는 이러했다. 큰며느리는 집안에 들어온 뒤 얼마간은 시아버지의 기대처럼 알뜰하게 살림을 꾸려갔다. 하지만 어느 순간 한 번도 경험해보지 못했던 돈 쓰는 재미를 알게 되었다. 그때부터 사치를 하고 방탕한 생활을 일삼는가 하면, 베풀 줄 모르는 태도로 친척들 사이에서 분란을 일으켰다.

자신은 돈 쓰는 재미에 탐닉하면서도 남에게는 인색했으며, 회사 운영에 일일이 간섭하여 남편이 직원들의 복지나 인센티브 등을 챙기지 않도록 유도했다. 유능한 직원들은 회사에 배신감을 느꼈고 창업 공신도 떠나갔다. 결국 회사도 부도 위기에 몰리고 가정도 파탄나게 된 것이다.

반면, 유복하게 자란 둘째 며느리는 검소하게 생활한 것은 아니지만 풍족하면서도 규모 있게 살림을 꾸렸고, 남편에게도 훌륭한 조언을 아끼지 않았다. 그만큼 회사와 가정은 함께 커나갔고 부도 위기에 몰려 넘어가게 된 형의 회사를 인수해 다시 회생시킨 뒤, 더 큰 기업으로 일궈냈다.

가난한 집에서 태어나 어려움을 겪어 자수성가한 아버지의 선입견이 반대의 결과를 낳은 것이다. 가난한 집 딸이 근검절약할 것이고, 부잣집 딸이 방탕한 씀씀이를 가질 것이란 생각도 선입견의 함정이다. 물론 그 반대의 상황 역시 선입견의 문제이다. 정답은 '사람 나름'일 것이다.

선입견은 집단 최면

어느 정치평론가는 참여정부의 유일한 정책이 '강남정책'이라고 표현했다. 정책의 성공 여부를 떠나 '강남정책' 때문에 우리 사회에는 새로운 선입견이 하나 생겼다. 서울 강남권역에 사는 사람들은 대부분 투기꾼이라는 것이다.

전라도와 경상도의 지역감정, 상대 지역 주민에 대한 선입견이 예전 정권의 정치적인 의도에 의해 만들어지고 포장됐듯이, '강남 투기꾼'은 질투와 갈등을 유도하는 정치에 의해 탄생된 것이다. 개인들이 경험이나 이야기를 통해 습득하는 선입견보다도 정치와 정책이 뒷받침된 선입견은 훨씬 더 강력하고 신뢰감 있게 확산된다. 그래서 집단최면에 가까운 선입견이 탄생하는 것이다.

거대한 선입견은 사회 시스템을 바꾸기도 한다. 언젠가 재야 출신의 모 방송사 사장은 자기네 기자 가운데 서울 강남 출신들이 너무 많다면서, 대학교가 신입생 모집에서 그러하듯 지역할당제를 해야겠다고 말했다.

유복한 강남 출신들이 많다 보니 그렇지 않은 서민들의 고충이나 사정을 이해하지 못해 편협한 기사를 쓸 가능성이 높다고 판단한 것이다. 실제로 기사란 게 취재기자의 정서가 밑바탕에 깔려 있는 것이기에 어느 정도 타당한 말이기도 하다.

하지만 국민들의 사고에 큰 영향을 미치는 공영 방송사 사장이 공식적인 자리에서 특정 지역 출신들은 특정 사고를 가졌을 것이라고 단정하는 듯 정의를 내린 것은 매우 위험한 발상이 아닐 수 없다.

이런 여론 주도적 인사들의 발언은 급기야 수많은 서민들의 열등감을 타고, 강남 사람들은 투기꾼이며 방탕하고 허영심에 사로잡혀 살며 병역을 기피하고 사교육비에 수백만 원을 쓴다는 선입견을 기하급수적으로 재생산하게 만든 것이다.

선입견의 함정에서 자유롭기는 참 힘들다. 그래서 우리는 지나치게 많은 선입견에 갇혀 산다. 그리고 그 선입견 속에 많은 상황들을 끼워 맞추고 있는 경우가 많다. 선입견에서 한발 물러서서 '과연 그럴까?'라고 생각하면 사람도 세상도 한층 투명하게 보인다.

고생도 해본 사람이 낫다?

고생이 꼭 '약'이 되는 것은 아니다

언젠가 신입사원 서류전형을 하면서, 응시자들이 쓴 자기소개서와 이력서를 면밀히 관찰해본 경험이 있다.

수많은 응시생들의 자기소개 내용은 각기 다른 배경만큼 다양하고 개성이 넘쳤다. 그런데 각양각색의 글 내용에서 한 가지 공통점을 발견할 수 있었다. 대부분의 이력서에 많든 적든 반드시 들어 있는 내용이 자신의 고생담이라는 점이다.

별난 고생담들이 보이려는 주제는 한 가지였다. "이러저러한 고생을 한 만큼 나는 절대 유약한 사람이 아니며, 동시에 어떤 일을 맡기더라도 잘 해낼 수 있는 사람으로 봐 달라"는 것이다. 어떤 글은 이런 주제에 지나치게 집착한 나머지 처음부터 끝까지 고생담으로 일관하기도 했다.

그대로 전하긴 어렵지만, 그 가운데 한 응시생은 자기소개서에서 자신은 워낙 가난해서 하루 두 끼를 생라면과 맹물로 버텼다며, 배고픔 가운데 배탈을 앓았던 그 고통만큼, '독기'로 세상의 어려움을 헤쳐나가겠다는 다짐을 보이기도 했다. 어떤 응시생은 또, 한강에서 몇 번 자살까지 기도하려고도 했다면서 입사를 한다면 그런 처절한 자세로 취재를 하고, 조직생활을 하겠다고 각오를 밝혔다.

이런 글을 보면서 면접관은 어떻게 생각할까? 미안하지만 십중팔구 '이 사람은 모난 성격을 가졌겠구나'라고 여길 것이다. 그리고 사장이나 오너 입장에선 혹시 이런 친구가 노조를 한다면 끔찍할 것이라고 생각할 테고, 같이 일할 동료들은 의견 차이로 다툼이 생길 것을 가정하면 섬뜩한 느낌이 들 것이다.

고생 속에 얻은 교훈이나 밝은 면을 보여라

많은 사람들은 만남의 과정에서 상대에게 자신의 어려웠던 이야기를 꼭 전하려 한다. 때로는 내용을 과장해서 극적으로 윤색하는 경향도 있다.

적당히 고생을 겪어야 스스로 강해지고 상대에게 강한 모습을 보일 수 있다고 생각하며, 또 사람을 사귀거나 뽑을 때 적당히 고생을 겪고 세상의 쓴맛을 알 만한 사람을 상대가 원할 것이라고 생각하기 때문이다.

매도 맞아본 사람이 두려움이 덜하듯, 실제로 고생과 실패를 겪어본 사람은 어려움에 처했을 때 그렇지 않은 사람보다 더 의연하고 슬기롭게 대처할 수가 있다. 또, 다른 사람의 어려움을 이해하고 배려하는 마음도 갖고 있다.

　하지만 첫 만남에서 강한 면모를 보이거나 동정심을 유발하겠다는 일념으로 고생담만 늘어놓는 것은 오히려 부정적 인상을 낳을 수 있다. 굳이 말해야 한다면 살짝 돌려서 하도록 하고, 고생을 통해 얻은 세상의 밝은 면이나 역경 속에서 얻은 인생의 교훈 등을 피력하는 게 낫다.

편하게 소개하고 판단은
서로에게 맡긴다?

위험한 말 "한번 만나봐. 괜찮을 거야"

사람을 많이 안다는 것은 큰 재산이다. 인맥 형성에는 여러 가지 방법이 있겠지만, 가장 일반적인 것이 지인의 소개이다. 어느 설문조사를 보면 사람들의 절반가량이 인맥을 넓히는 방편으로 '지인의 소개'를 들었다. 취직이나 이직을 할 때도 가장 많은 응답자가 '소개를 통해서'라고 답했다.

그런데 이럴 때 의외로 서로를 잘 모르면서 소개하는 경우가 많다. 소개를 받는 사람이나 소개하게 될 사람을 잘 모르면서 소개하는 것이다. 그러면서 "한번 만나봐. 괜찮을 거야"라고 말한다.

문제는 가끔씩 괜찮지 않은 경우가 있다는 것이다. 잘 아는 사람을 통해 직장을 소개해줬는데, 한두 달 다니다 그만둬버리면 소개해준 사람은 면목이 없다. 때로는 능력이 안 되는 사람을 소개해 상대에게 피해를 주기도 한다. 그래도 이 정도면 약과라 할 수 있다.

필자도 사람을 판단하는 데 참 까다로운 편인데도 크게 실수를 한 적이 있다. 먼 친척 동생이 부동산 쪽에 직장을 알아봐 달라길래, 그쪽 바닥을 잘 안다는 대학 후배 한 명을 소개해주었다.

그런데 필자는 부동산 전문가라는 그 후배를 잘 알지 못했다. 대학 졸업 후 한 번도 만난 적이 없었는데, 언젠가 부탁이 있다며 찾아왔을 때 식사를 한번 했을 뿐이었다. 그때 자신이 부동산 쪽 일을 많이 해봤고, 그쪽에 아는 사람이 많다고 자랑했던 것이 기억나서 동생을 소개시켰던 것이다.

소개를 해준 지 몇 달이 지난 뒤 동생에게서 연락이 왔는데, 매우 심각한 목소리였다. 동생에 따르면 필자의 후배가 취직을 핑계로 자신에게 갖가지 보증을 세우는 바람에 신용불량자가 될 위기에 몰렸다는 것이다. 난감하기 그지없었.

뒤늦게 알아보니, 그 후배는 아주 좋지 않은 평판을 받고 있었다. 어느 정도 수습은 했지만, 상대를 잘 모르는 상황에서 소개를 할 경우 큰 문제가 생길 수 있다는 것을 뼈아프게 체험한 것이다.

소개는 사람을 보증하는 것이다

구직 알선이든 비즈니스든, 소개의 중간에 선 사람은 반드시 양쪽을 상세하게 판단하고 있어야 한다. 자신을 믿고 사람을 소개받았는데 그

것이 잘못된 결과로 이어진다면, 가장 큰 책임은 소개를 했던 사람이 져야 하는 것이다.

사람을 소개하는 것은 어떤 면에선 물건을 추천하는 것과 같다. 자기가 써보지도 않은 물건을 '남들이 그러는데 아주 좋은 물건'이라며 소개하는 것은 아주 위험한 일이다.

사람도 자신이 잘 아는 사람을 소개해야 한다. 소개는 사람을 보증하는 것이다. 상대가 알아서 판단하라는 것은 '보증 책임'에서 벗어나겠다는 무책임한 태도이다.

다른 한편으로, 잘 모르는 사람에게 지인을 소개해서도 안 된다. 절박하거나 미묘한 상황에서는 그 절박함 때문에 상대의 신면목을 제대로 볼 수 없는 경우가 많다. 그래서 다급한 마음에 적절하지 않은 사람에게 지인을 소개하다 보면, 큰 상처가 생길 수 있다.

그리고 이왕 소개할 때는 끝까지 최선을 다해야 한다. 상황에 따라 다르겠지만, "누구누구에게 이야기해놨으니까 한번 찾아가 봐"라고 할 게 아니라, 소개해줄 사람을 데리고 소개받는 사람에게 함께 가는 것이 좋다.

이와 함께 양쪽에 대한 정보를 서로에게 자세히 알려줘, 지나친 기대나 오해를 하지 않도록 하는 것도 중요한 일이다.

기가 강해야 상대를 이긴다?

보통 사람은 날카롭고 강한 기를 좋아한다

여러 가지 해석이 있겠지만, 사람에겐 흔히 말하는 '기氣'라는 게 있다. 첫 만남에서 눈빛이 날카롭거나, 위엄이 느껴지거나, 사람의 마음을 꿰뚫는 통찰력이 번득이는 경우를 볼 때 '기가 강한 사람'이라고들 한다.

기선을 제압한다는 이야기는 상대에게 강한 기운을 보여 주눅이 들게 한다는 의미일 것이다. 싸움에서는 기선을 제압하는 게 무척 중요하다. 격투기나 권투 등 투기 종목 선수들이 상대의 눈을 노려보는 이유가 거기에 있다. 버스를 타고 가다가 쳐다봤다는 이유로 치고받는 어처구니없는 일도 알고 보면 기 싸움 때문인 것이다.

필자도 눈빛이 강하다는 이야기를 가끔 듣지만, 마주 보기 힘들 정도로 눈빛이 강렬해 오래도록 기억에 남는 사람이 있다. 어떤 사업가가 그랬고, 정치인이 그랬고, 또 억지로 끌려간 역술원에서 본 역술인이 그랬다.

사람들은 대개 자신이 기가 강하다는 이야기를 듣기 좋아하는 것 같다. 기가 강한 사람이라는 평가는 역경을 잘 헤쳐나갈 수 있고, 여러 사람 중에 리더가 될 수 있다는 의미로 받아들여진다.

하지만 강하고 날카로운 기는 긴장과 분쟁을 조장하기 쉽다. 약한 상대를 만나면 쉽게 제압할 수 있지만, 비슷한 사람끼리 만나면 부딪치고 누군가는 깨지게 된다. 또, 기싸움에 지지 않으려고 끊임없이 긴장하고 스트레스를 주고받는다.

진정한 고수는 부드러운 기를 갖고 있다

그런데 이런 기도 연륜과 경륜에 따라 변하는 모양이다. 무협지를 읽다 보면, 내공이 강한 초절정 고수는 그 기가 전혀 상대에게 전해지지 않는다. 강한 기를 제어하고 감출 수 있는 능력을 갖췄기 때문이다.

현실에서도 그렇다는 생각이 든다. 크게 성공한 사람들을 10년 단위로 지켜보면 분위기가 많이 변하는 것을 느낄 수 있다. 예전에 눈을 마주치지 못할 정도로 강한 눈빛을 가졌던 사람이 지금은 한없이 부드러운 눈빛으로 변한 것을 목격하기도 한다. 그 눈빛에는 사람을 무척 편하게 해주면서도 무시할 수 없는 기운이 담겨 있다. 내공이 몇 단계 높아진 진정한 고수의 모습이다.

서울 외곽에서 명사들이 자주 찾는 카페를 운영하는 60대 여사장님이 한 이야기가 기억이 난다. 누가 봐도 성공했고, 속에는 자신감이 꽉 차 있는 성공인들에게서 볼 수 있는 가장 큰 특징은 부드러우면서도 흔들리지 않는 눈빛이 뿜어내는 '부드러운 카리스마'라는 것이다.

하수들은 눈에 힘을 주고, 공작이 꼬리를 펼치듯 강한 기운을 상대에게 내뿜으려 애쓴다. 표정과 행동으로 상대를 누르려고 안간힘을 쓰고, 가시 같은 눈빛과 공격적인 언사로 상대를 제압하려 애쓴다.

약한 개가 시끄러운 법이다. 약한 개는 지나가는 다른 개에게 있는 힘을 다해 짖어댄다. 약하다는 것을 드러내지 않으려는 몸부림이다. 정작 힘 있고 강한 개는 짖지 않는다. 힐끗 쳐다보고는 지나갈 뿐이다.

죽창 같은 기보다는 호수 같은 기가 낫다. 수많은 개울에서 흘러온 물이 호수에 모이듯, 고요하고 부드러운 호수 같은 기를 가진 이들은 각양각색의 사람들을 담아낼 수 있는 리더가 될 수 있다.

적당한 과시는 신뢰감을 준다?

적당한 과시도 필요할 때가 있다

사업을 하는 친구나 변호사 등을 만나 보면, 그렇게 상황이 좋지 않은데도 기사 딸린 고급차를 이용하는 경우를 많이 본다.

그럴듯한 이유가 있다. 영업 상대나 의뢰인에게 신뢰감을 주기 위해서라는 것이다. 사장이 거래처 사람을 만나면서 버스나 지하철을 타고 헐레벌떡 뛰어오는 모습은 검소하고 겸손한 사업가란 느낌보다는 뭔가 사업이 안 되고 있는 것 같으니 경계해야겠다는 심리를 불러일으킨다는 것이다.

변호사도 마찬가지로 값싼 소형차를 몰고 다니면 능력 없는 변호사로 인식하고 변론 맡기기를 꺼려 한다는 것이 그들의 설명이다.

일견 자신의 허식을 감추려는 의도로 볼 수도 있겠지만, 이런 과시는 경험적으로, 또 심리학적 분석에 의해서도 분명 효과가 있는 것으로 알려져 있다.

부자들을 상대로 영업을 하는 후배 한 명은 명품을 즐겨 입는다. 촌놈이 주제넘게 명품을 입고 다닌다며 핀잔을 줬더니, 그 후배가 이렇게 답했다.

"형님, 제가 아래위로 입은 옷값을 합하면 2백만 원 정도 됩니다. 사실 정가로 샀으면 4백만 원 이상 되겠지만, 외국 나갈 때마다 할인매장에서 샀거든요. 그런데 이 정도 투자해서 입고 다니면 4천만 원 이상의 후광효과가 있습니다."

첫인상이 절반을 좌우하는 영업에서 디자인만 봐도 알 수 있는 명품 옷들은 그 어떤 유려한 말에도 비할 수 없는 굉장한 효과가 있다는 것이다. 화려한 수사로 자신이 뛰어난 영업맨임을 강조하지 않아도 상대가 나를 인정하고 많은 돈을 투자한다는 것이다.

이렇듯 어느 정도의 과시는 비즈니스나 인간관계에 상당한 도움을 준다. 그러나 아무리 재료가 좋아도 그것을 잘못 쓰면 음식 맛을 버리듯, 이를 잘못 활용하는 이들도 있다.

물질의 활용보다 물질 자체에 집착하면 역효과

참여정부가 부동산 정책에 올인하기 전, 부동산으로 제법 재미를 본 사람이 있었다. 얼떨결에 큰돈을 벌게 된 그는 대부분의 남자들이 그렇듯 먼저 고급차를 샀다. 그리고 일제 차 중에서도 가장 비싸다는 차를 샀다며 자랑했다.

그런데 어찌 된 일인지 친구를 만나거나 비즈니스를 하면서도 한 번도 새 차를 끌고 나오는 경우가 없었다. 새 차를 자랑하면서도 타고 다니는 것은 예전의 구식 차였다. 처음엔 겸손함의 표현인 줄 알았지만 나중에 알고 보니 그게 아니었다.

새 차를 너무 좋아한 나머지, 타고 다니다가 긁히기라도 할까 봐 주말에만 혼자 드라이브를 즐기는 것이었다. 한 번은 시골에서 아버지가 올라오셨다가 한번 몰아보겠다고 해서 맡겼더니, 골목길을 돌다 잘못해서 전신주를 받았다고 했다. 차는 멀쩡했지만, 범퍼에 긁힌 자국이 남았다며 그날 아버지와 대판 싸웠단다.

그는 또 최근에 와인에 취미를 붙였는데, 한 병에 1백만 원이 넘는 와인 몇 병을 샀다며 전화를 했다. 우연한 기회에 놀러갔더니 그는 찬장 안에 있는 고급와인을 자랑하고선, 친구들에게는 이마트에서 샀다는 1만 원짜리 와인을 내놨다.

적절한 과시를 통해 자신을 돋보이게 할 수 있는 여력을 가졌으면서도, 하드웨어 자체에 집착해 그것을 활용하지 못하는 것이다. 좋은 상품은 소유욕을 충족시키며 그것을 적절히 과시하면 상대에게 신뢰감을 줄 수 있는 일거양득의 잠재력을 지녔지만, 그 주인이 소유욕에만 집착한다면 반쪽짜리에 그치고 마는 것이다.

두 번째 이야기 _ 대화

말을 잘하는 능력이
성공의 핵심 요소다?

말이 힘인 시대

말을 잘한다는 것은 큰 장점이 아닐 수 없다. 특히 뛰어난 직관력과 두뇌로 어려운 사안을 잘 풀어내는 사람을 만나면 기분이 좋다. 실타래처럼 얽힌 복잡한 일도 그런 이를 만나 설명을 들으면 먹구름 사이로 햇살이 퍼져나가듯 이해가 되고 궁금증이 풀린다.

특히 방송기자를 하다 보면, 말을 잘하는 사람은 수고로움을 덜어주는 은인이다. 15초짜리 뉴스 인터뷰를 따는 데 어떤 사람은 1시간이 걸리기도 한다. 아무리 그 방면의 전문가라 하지만, 그런 사람을 만나면 다시는 인터뷰를 하고 싶은 마음이 없어진다.

반면, 말을 잘하는 사람은 기자가 원하는 지식과 자신의 생각을 단

시간 내에 정리해 막힘 없이 15초로 묶어낸다. 인터뷰를 따는 기자의 입장에서도 절로 감탄하게 된다. 그만큼 머리회전도 빠른 데다, 그걸 말로 풀어내는 재주를 타고난 것이다.

요즘처럼 프레젠테이션이나 토론이 기업이나 학교 또는 정치판에서 힘을 발휘하는 시대에는 말을 잘하는 것이 큰 축복이 아닐 수 없다.

알맹이 없는 말은 연비 낮은 자동차와 같다

그런데 말을 잘한다는 평가를 받기 위해선 반드시 말에 알맹이가 담겨야 한다.

말은 참 매끄럽게 하는데 알맹이가 없는 사람들이 있다. 화려한 수사와 고사성어, 갖가지 속담과 격언 등을 들어 매끄럽게 말을 하는데, 정작 주제가 명확하지 않아 듣는 사람을 감질나게 하는 경우가 있다. 말 잘하기로 소문난 연극인을 만난 적이 있었다. 어렵고 고단한 길인데 어떤 마음가짐으로 연극인의 삶을 살고 있느냐고 물은 적이 있다. 정확히 옮기기는 힘들지만 그는 이렇게 답했다.

"영국 문학의 가장 위대한 결과물 가운데 하나인 셰익스피어의 『햄릿』에 보면 이런 말이 있지요. 사느냐 죽느냐, 그것이 문제로다. 수많은 문명의 이기가 인간의 아름다운 삶을 받쳐주는 기적 같은 현대 문명의 시기에 삶과 죽음의 경계에 설 만큼 절박한 심정을 갖는다면 그것은 그 어떤 고통도 근접하지 못할 만큼 통렬할 것입니다. 그런 각오로 연극을 한다면 그것은 햄릿의 비수처럼 관객의 가슴에 찬란한 빛을 내며 꽂힐 것입니다."

한마디로 말해 하루하루 죽을 각오로 열심히 하고 있다는 이야기일 것이다. 별 알맹이도 없는데 많은 수사를 곁들여, 사서 고생하면서 말하고 있는 것이다. 알맹이 없이 껍데기만 번지르르한 말은 연비 낮은 자동차와 같다. 함께 타고 가는 사람은 시간과 연료비가 아깝다는 생각이 든다.

매끄러운 달변과 어눌한 달변

군더더기 없이 말을 잘한다는 사람들을 만난 적이 있는데, 그중에 한 명이 신공항건설 이사장과 건교부 장관을 지냈던 강동석 씨였다. 브리핑을 듣거나 직접 인터뷰할 때면, 어떻게 그렇게 할 수 있을까 싶을 정도로 토씨 하나, 어미 하나 틀리지 않고 한 번에 문장을 풀어낸다. 그런 이를 대할 때면 말을 잘하는 것도 노력 이전에 타고난 부분이 있다는 사실을 절실히 느낀다.

반대로, 자세히 뜯어보면 주어와 술어가 맞지 않고 목적어도 있을 자리가 아닌 엉뚱한 곳에 놓이는데, 복잡한 사항을 명쾌하게 풀어내는 재주를 가진 사람도 있다. 두 번에 걸쳐 재정경제부 장관을 지냈던 이헌재 씨가 그런데, 어눌한 것 같으면서도 그가 하는 브리핑을 들으면 머리가 맑아지는 느낌을 받는다.

둘 다 각자의 색깔을 지닌 탁월한 언어능력을 보유한 사람들이다. 그들은 공통점을 가지고 있는데, 어떤 식으로 풀든 직관력이 번뜩이고 알맹이가 담겨 있다는 것이다. 그 때문에 그들은 달변으로 보이는 것이다.

때와 장소를 못 가리는 달변은 민폐

토론회에서 유능한 사회자는 말을 적게 하되, 참석자 간에 상반되는 의견 차이를 일목요연하게 정리해주고 공평하게 시간을 배분해야 한다. 사회자는 대부분 말을 잘하고 머리회전이 빠른 사람들이다. 그런데 가끔씩 '실수' 하는 사회자들이 있다.

듣는 것을 소홀히 하고, 패널이 해야 할 말을 다 해버리는 경우가 그렇다. 어떨 땐 사회자가 자신의 의견을 이야기한다며 시간을 다 잡아먹는 경우도 있다. 한마디로 주제파악을 못하는 것이다. 주제파악을 잘 못하는 달변은 민폐가 된다.

때로는 말을 적게 하는 것이 나을 때가 있다. 듣는 것이 말하는 것보다 더 중요한 때와 장소도 있다. 상대의 말을 잘 들어주고 의도하는 바를 정확히 이해하는 능력도 말을 잘하는 능력 이상으로 중요하다.

어눌한 사람의 위트는 매력이 두 배

영국의 영웅인 처칠은 달변으로 유명했던 후배 정치인이 자신의 연설에 대한 소감을 묻자, 어눌하고 실수하는 척하는 방법을 배우라고 했다 한다. 말을 너무 잘하면 빈틈이 없어 보여 매력이 반감된다는 고수의 충고였다.

말 잘하는 사람을 만나면 때로는 불편하다. 상대처럼 말을 잘하려고 신경 쓰다 보면, 평소보다 더 말이 안 되고 말실수도 많이 하게 된다. 스스로 답답한 마음에 화도 나고 열등감을 느끼기도 한다.

오래전에 미국 교포 출신의 사회자인 자니 윤이 국내 토크쇼를 진행

한 적이 있었다. 그는 오랜 외국 생활 때문인지 원래 그런지 모르겠지만, 아주 어눌하고 말수가 적었다. 어떨 땐 불안할 정도였다.

그런데 어느 순간 그런 어눌한 말솜씨에 사람들이 끌려들어 가는 것을 느꼈다. 그리고 어눌한 가운데 한 번씩 던지는 위트가 감탄을 자아냈다. 말수가 적더라도 위트가 뛰어난 사람, 그런 사람이 매력 있고 신비스러운 사람이 아닌가 싶다.

함께 일하면 생각도 비슷해진다?

편한 사이라도 소신 발언은 조심해야

오랫동안 한 직장, 한 부서에서 같은 일을 하면 동질감을 느끼기 때문에 어떤 이야기든 통할 것이라는 생각이 든다.

그래서 별생각 없이 어떤 일에 관해 회사 동료나 친구에게 말을 건넸다가 의외의 반응에 놀랄 때가 있다. 내 생각과 똑같을 것이라고 생각했던 상대가 정색하며 반론을 제기하고 나설 때면 당혹스럽기도 하고, 다음에 그 사람을 만날 때는 한층 조심스럽게 대하게 된다.

이런 일을 겪게 되는 가장 흔한 주제가 정치 이야기다. 선거 때가 되면, 굳이 회사 동료가 아니더라도 부부 간이나 부모 자식 간에도 뜻밖에 전혀 다른 후보를 지지하고 있음을 알고 놀라는 경우가 많다. 그리고 더 놀라운 것은 그것이 너무도 확고해서 아무리 가까운 사이라도 바꿀 수가 없다는 것이다.

회사 내에서도 마찬가지다. 비슷한 정치 성향을 가졌을 것으로 생각하고 무심코 특정 집단을 비난했다가 되돌아오는 냉소에 가슴이 서늘해지는 경우도 있다.

재산 문제도 그렇다. 강남 부동산이 온 나라의 관심사인 동시에 모든 정책 선택의 척도가 된 상황에서 '소신 발언'은 논쟁과 거리감을 일으킬 수 있다.

언젠가 '정부가 부동산 문제를 시장 논리로 해결하려 하지 않고 지나치게 정치 논리로 풀어가려 한다'는 취지의 기사를 썼다가, 한 고향 후배가 점잖게 충고 전화를 걸어온 적이 있다. 그런 내용의 기사가 가진 자를 옹호하는 뉘앙스를 준다는 것이다.

필자는 그 후배가 그처럼 진보적인 성향을 가진 줄도 몰랐고, 원론적인 이야기마저 가끔은 전혀 의도하지 않은 느낌으로 상대에게 전달될 수 있다는 사실을 새삼 느꼈다.

환경에 따라 가치관도 변한다

사람들은 자신의 주장을 역설할 때, 그것이 객관적인 것임을 애써 강조하고 자신과 아무 이해관계가 없지만 상대가 반드시 알아야 한다고 말한다. 하지만 그것이 맞는 경우는 별로 없다.

앞서 필자에게 충고한 그 후배는 얼마 뒤, 많은 빚을 내 강남권에 아파트를 샀다. 그러더니 인터넷으로 아파트값 상승률을 지켜보는 게 하루 중 가장 큰 일과가 됐다며 고백한 적이 있다. 더불어 재건축을 할 때 임대아파트를 의무적으로 건설하게 하는 등 지나친 규제가 사유재산권을 침해한다며 목소리를 높였다.

기자들에게도 비슷한 경우가 있다. 강남권에 집을 갖고 있는 기자들이 쓰는 기사와 그렇지 않은 기자가 쓰는 기사는 인정하지 않으려 해도 분명 색깔의 차이가 있다.

부동산 정책과 관련 있는 모 부처의 관계자는 아침마다 신문을 훑어 보면 재미있는 사실을 발견한다고 했다. 그는 출입기자들의 면면을 잘 알고 있는데, 강남권에 아파트를 가진 기자와 그렇지 않은 기자 간에 기사의 뉘앙스가 다르다는 것이다. 객관적인 시각을 생명으로 삼는 기자들마저도 사실상 자기가 처한 환경에서 자유롭지 못한 것이다.

신앙이나 이념, 정치, 특정인에 대한 평가 등에 대한 문제는 가급적 신중하게 말을 꺼내는 것이 좋다. 가볍고 직설적으로 생각을 말했다가 자칫 이미지에 먹칠을 할 수도 있고, 때로는 특정 집단의 옹호자로 매도될 수도 있기 때문이다. 그런 이야기를 하고 싶다면, 상대의 성향을 정확히 파악한 뒤에 말을 가려서 하는 것이 좋다.

설득에는 논리가 최선이다?

논리 싸움은 감정만 상하게 한다

논리적인 접근을 좋아하는 사람들이 있다. 이들은 상대를 설득하는 데 치밀하고 정교한 논리가 최고라고 믿는다. 그래서 첨예한 현안이 있을 때 자료를 미리 챙기고 역사적인 사례도 수집하며 철학적인 배경도 찾아서 싸움에 대비한다.

객관성이 논리 싸움의 최대 무기라는 생각으로, 수집한 재료를 대화 도중 어느 순간에 써먹을 것인가를 끊임없이 고민하며 상대의 반응을 살핀다.

하지만 논리 싸움에서 이긴다고 이득을 챙기는 것은 아니다. 특히 상대를 설득해야만 이익을 얻을 수 있는 사람이라면, 논리적으로 설득하려는 시도는 실패로 가는 지름길이다. 언젠가 친구가 추천한 보험 영업사원이 종신보험에 가입하라고 권유한 적이 있다. 그때 영업사원은 이렇게 말했다.

"선생님이 종신보험에 가입해야 하는 이유를 조목조목 들어보겠습니다. 경제부 기자이시니까 잘 아실 것이라 생각되는데, 제 주장이 틀렸다면 그것을 경제적으로 입증해보십시오."

보험 가입의 이유를 따져보는 것이야 당연한 일이겠지만, 치열한 논리 싸움까지 하면서 가입할 이유는 전혀 없었다. 차라리 이렇게 말하는 편이 훨씬 좋았을 것이다.

"자료는 여기에 있습니다. 보시고 난 뒤 결심이 서시면 저에게 연락해주십시오. 달리 아는 분도 많으시겠지만, 한번 도와주십시오. 부탁드립니다."

수억 원대 연봉을 자랑하는 보험 컨설턴트가 필자에게 한 말은 아주 인상적이었다.

"보험 영업에서 논리는 30%이고, 나머지 70%는 감성에 호소하는 것입니다."

논리적 접근은 상대방을 긴장시킨다. 특히 영업을 할 때는 상대를 열린 마음으로 이끌어야 하는데, 오히려 상대를 긴장시켜서 마음의 문을 닫아버리게 하면 곤란한 일이다.

자존심을 세워주고 감성에 호소해야 한다

갑과 을의 관계가 명확한 영업뿐만 아니라, 가치 판단의 문제로 서로 다툼이 예상될 때도 그렇다. 가치 판단의 문제는 어느 한쪽이 절대적으로 옳다고 말하기 곤란하며, 상황에 따라 어느 가치에 중점을 두느냐를 결정해야 한다.

방송국에서 시청률을 중시할 것인가, 아니면 프로그램의 질을 우선시할 것인가 하는 문제가 그렇고, 정책을 수립할 때 분배와 성장 가운데 무엇을 우선과제로 삼을 것인가 하는 경우도 마찬가지다. 수입 개방으로 가격을 낮춰 소비자의 권익을 도모하느냐, 아니면 세계 최고의 가격을 유지하면서도 개방을 막아 농민들의 이익을 보호하느냐의 문제도 그렇다. 기업에서는 어려울 때 과감히 모험적인 투자를 해서 경기회복 때 시장을 선점할 것인가, 아니면 긴축경영으로 현재의 어려운 시기를 무사히 잘 넘기느냐 하는 문제가 있을 것이다. 거창하게 국가나 기업의 문제를 예로 들지 않더라도 여름휴가를 산에서 보낼 것인지, 아니면 바닷가에서 지낼 것인지 판단할 때도 그렇다.

이런 판단의 문제가 논쟁의 주제가 될 때는 어느 순간까지는 격렬하게 논쟁을 하더라도 방향이 결정되면 그 방향에 맞춰 힘을 모아야 한다. 그런데 그것이 쉽지 않다. 논쟁에서 자신이 세운 논리가 무너질 때 당사자는 자존심에 상처를 입고 분노를 느낀다. 그래서 마지막에는 이렇게 말한다.

"이제 그만하시죠. 원하시는 대로 하십시오. 하지만 당신 말에 전적으로 동의하는 건 절대 아닙니다. 제가 설명을 제대로 못해서 그렇지, 제 말에도 일리가 있다는 사실을 알아주십시오."

치밀한 논리로 상대를 옥죄면 상대는 막다른 골목에 마주치는 한이 있더라도 무릎은 꿇지 않는다. 논쟁의 마무리 단계에서는 무엇보다 상처받은 논객을 치유하는 게 중요하다. 그러기 위해선 상대의 자존심을 세워주면서 감성에 호소해야 한다. 그리고 그 역할은 조직의 리더나 중재자가 해야 할 것이다.

"당신의 논리에도 충분히 공감합니다. 어떻게 보면 더 낫다고 할 수 있습니다. 하지만 이번 한 번만 사정 좀 봐주세요. 부탁합니다."

자존심을 세워주면 상대는 자신의 패배를 인정하기 마련이다. 그러면 결론지은 목표를 향해 모든 구성원이 합의하에 매진할 수 있기 때문에 목표 수행의 스피드는 훨씬 빨라질 것이다.

솔직한 충고가 약이 된다?

솔직한 충고의 이면에는 이기심이 숨어 있다

"내가 너한테 솔직하게 이야기하는데……."

누구나 이렇게 시작하는 충고를 할 때가 있다. 그리고 자신의 솔직하고 순수한 마음 때문에 상대가 고마워할 것이고, 당연히 그래야 한다는 방정식까지 세워놓고 있다.

그런데 이런 공식이 항상 맞아 들어갈까?

솔직하고 좋은 충고는 상대의 단점을 고치는 훌륭한 치료제가 될 수 있다. 하지만 우리가 쉽게 하는 솔직한 충고의 이면에는 자신의 불편함이 깔려 있는 경우가 많다. 상대에게 도움을 주기 위해 충고를 한다면서도 "내가 너한테 불편한 게 많았는데, 이런 식으로 표현하는 거니까 잘 새겨들어"라는 마음을 갖고 있는 것이다. 물론 충고하는 사람은 이런 사실을 좀처럼 인정하지 않으려 한다.

그렇다면 이런 충고를 받는 사람은 어떤 기분일까? 충고하는 사람이 솔직함을 강조하는 만큼, 충고를 받는 사람은 겉으로는 감사해한다. 하지만 그 역시 속내는 다르다.

충고를 듣는 사람이 그것을 겸허하게 받아들이는 경우도 있지만, 사실은 그렇지 않은 경우가 더 많다. 처음에는 당황하면서 자신이 정말 그런지 반성할 것이다. 그러나 반성도 잠시이고, 그 이후에는 충고한 사람을 만나면 경계하고 조심스러워하게 된다. 친하게 지내다가도 어느 순간 거리감을 느끼는 것이다.

상황에 맞지 않는 솔직한 충고는 독이 된다

상대의 변화를 유발하는 좋은 충고는 순수한 동기에서 나왔더라도 시간과 장소를 가려야 한다. 언젠가 잘 아는 대기업 임원과 그 임원의 부하직원이면서 필자와는 친구 사이인 부장, 그리고 필자가 저녁식사 자리를 한 적이 있었다.

좋은 자리였는데, 소주가 한두 잔 돌아가면서 필자가 듣기에 불편한 말들이 오가기 시작했다. "야, 김 부장. 오늘 고형(필자)이 계셔서 이야기를 안 하려고 했는데 말이야, 당신 능력은 참 탐나. 하지만 충성심이 없어. 그래 갖고는 임원 못 달아. 이건 내가 당신을 아껴서 진심으로 하는 이야기야."

순간 친구의 기색을 살폈다. 표정에 당혹스러움이 가득했다. 그것도 친구 앞에서 직장 상사에게 면박을 받은 터라 어쩔 줄 몰라 했다. 다들 눈치 빠른 사람들이라 어색한 분위기를 감지하고 화제를 돌렸지만, 내내 찜찜한 마음이 가시지 않았다.

필자도 신중하지 못한 성격과 행동 때문에 분위기에 맞지 않는 충고로 상대편을 불편하게 한 적이 많다. 그럴 때 "좀 지나쳤지만 잘 새겨서 들을 거야"라고 실수를 자위하면서 상대가 이해해주기를 기대한다. 하지만 반대로 똑같은 일을 당했을 때는 잘 새겨서 듣기는커녕 불쾌감만 느낄 때가 많다.

때와 장소를 가리지 못하는 충고는 안 하느니만 못하다. 그런 충고는 고마움과 반성보다는 불쾌감과 반발만 일으킬 뿐이다.

충고를 할 때는 우선, 나의 이기심이 깔려 있지는 않은지 자문해봐야 한다. 그 다음 때와 장소를 잘 가려야 한다. 되도록 상대가 좋은 상황에 있을 때, 즉 마음의 여유가 있을 때, 가급적 두 사람만 있는 장소에서 하는 것이 좋다.

윗사람은 아첨을 경계한다?

밉지 않은 아첨도 있다

모 중견그룹의 회장이 임원들과 함께 하는 골프 대회를 열었다. 회장과 같은 조에 속하는 영광을 누린 김 상무는 장기인 특유의 입담으로 대회 내내 회장님을 즐겁게 했다.

"회장님, 정말 샷이 좋으십니다. 그 연세에 누가 그런 거리를 내겠습니까. 역시 폼이 정교해지니까 거리도 달라지는군요."

가끔 자신의 공이 더 멀리 나가서 민망할 때는 먼저 걸어가서는 회장님의 공을 치기 좋은 자리로 슬쩍 옮겨놓기도 했다. 옆에 있는 다른 임원들은 속으로 혀를 끌끌 찼지만, 김 상무는 아랑곳하지 않았다.

속 보이는 아첨이라 회장이 알 만도 한데, 골프를 칠 때면 김 상무는 항상 회장과 같은 조에 편성된다. 다른 임원들은 돌아가며 회장과 같은 조에 편성되지만 김 상무는 예외였다. 어찌 된 일인지 김 상무는 항상 회장과 같은 조에 편성돼, 볼썽사납게 아첨을 떠는 것이다.

"사실은 내가 시켜서 항상 같은 조에 넣으라 그랬지."

그 회장이 말씀하셨다. 필자는 그 회장과 고향 선후배라는 이유로 가끔 만나 세상 돌아가는 이야기를 나누곤 했다. 그러던 중 꺼낸 골프 이야기가 관심을 끌었다.

"사람 마음이란 게 묘한 거야. 아첨인 줄 알면서도 늙어갈수록 입에 발린 칭찬을 해주는 사람이 편해지고 좋아지는 거 있지? 사실은 요즘 공이 하도 안 맞고 친구들보다 거리도 안 나와서, 프로한테 자세 교정을 받고 있었거든. 그날도 마찬가지였어. 폼도 엉망이고 거리도 안 나고, 김 상무 그 친구가 말한 것과는 정반대였지. 그래도 옆에서 자꾸 띄워주니까 기분이 좋더라고."

박카스 같은 아첨은 필요하다

문제의 김 상무는 원래 다른 회사에서 옮겨왔다. 다른 사람을 스카우트하려고 했는데, 그 사람이 응하지 않아 아쉬운 김에 선택한 이가 김 상무였던 것이다. 그런데 김 상무가 온 뒤로 해당 부서의 분위기가 훨씬 좋아지고, 실적도 올라갔다.

김 상무는 회장뿐만 아니라 부하직원들에게도 아첨한다고 한다. 별 것 아닌 것에도 과하게 칭찬하고, 옷만 바꿔 입어도 "뭘 입어도 멋있다"고 말하고, 신입사원이 들어오면 '회사의 대표주자'라고 치켜세운다.

그러다 보니 실없는 사람이라는 이야기를 듣기도 하지만, 그를 싫어하는 사람은 별로 없다. 그를 만나면 기분이 좋아지기 때문이다. 그는 특별한 영양분이 없으면서도 기분을 상쾌하게 만드는 박카스 같은 존재였다.

조직생활에서 직언을 잘하는 사람만 있다면 질식할 만큼 갑갑할 것이다. 윗사람이건 아랫사람이건 때로는 숨통을 터줄 사람이 필요하다. 직언이 조직에 긴장감을 주고 나태함을 경계시키는 장점이 있긴 하지만, 내내 긴장만 하다간 위장병이 생기기 십상이다.

자연스러운 아첨도 능력이다. 그것이 조직의 눈과 귀를 흐릴 만큼 심각한 정도가 아니라면, 박카스를 먹는 기분으로 지켜보고 들어주는 것도 좋지 않을까.

쓴소리가 약이 된다?

가슴 아픈 이야기는 끝까지 가시로 남는다

사업을 크게 하다 망한 집이 있었다. 집안의 가장은 쓰러진 집을 일으켜보려고 발버둥 치다가 스트레스와 피로로 인해 간경화로 그만 숨지고 말았다.

그의 아내와 4남매에게 남겨진 것은 얼마간의 빚뿐이었다. 장례를 치른 뒤 친족들이 모여 회의를 했다. 그러나 친족들은 하나같이 자신에게 부담이 돌아올까 봐 걱정할 뿐이었다. 그중에 사정이 가장 낫다는 한 친척이 가장 큰 목소리로 이야기했다.

"무슨 걱정이 있어요? 애들 학교 다 때려치우고 지금이라도 공장에 나가면 모두 돈 벌 수 있는데. 먹고사는 데 아무 지장 없어요."

이후 가족들은 여러 곳으로 뿔뿔이 흩어졌다. 어머니는 붕어빵 장사를 하고 4남매는 아르바이트를 하면서 피눈물 나는 고생 끝에 모두 대학을 졸업했고, 그로부터 20년이 지난 지금 서울에서 모두 중산층으로 살고 있다.

그런데 예전과 달리 쇠락한 친척들에게서 부탁이 들어왔다. 아이들 취직이 안 돼서 그러니 자리를 좀 알아봐 달라고 간절히 부탁한 것이었다. 또 다른 친척은 자신이 납품하던 업체가 거래를 끊으려 한다며 이를 좀 막아 달라는가 하면, 어떤 이는 돈을 빌려 달라고까지 했다. 그들의 부탁을 들어주려 알아보던 큰형은 어느 날 동생들로부터 전화를 받았다.

"절대 안 됩니다. 20년 전에 우리에게 한 이야기를 잊었어요? 우리보고 전부 학교 그만두고 공장에 가라고 그랬잖아요. 조기축구회에 수백만 원씩 기부하면서 어린 친척들 등록금 한 번 대주지 않은 사람들이 지금 와서 뭘 바라요?"

큰형도 그 일을 잊은 것은 아니지만, 20년이나 지났는데도 동생들이 그처럼 생생하게 그때의 아픔을 기억하고 있을지는 꿈에도 몰랐다.

필자가 아는 어느 가족의 이야기다. 쓴소리가 사람의 마음에 얼마나 큰 상처를 남기는지 많은 사람들이 경험하지만, 말을 내뱉은 사람은 금방 잊는다. 자신의 입장에서 보면 '할 수도 있는 당연한 이야기'이고 '틀린 말도 아니기 때문' 이다.

쓴소리는 캡슐에 넣어 말해야 한다

좋은 약은 입에 쓰다는 속담이 있다. 하지만 요즘에는 좋은 약이라도 먹기 좋게 캡슐로 만들거나 첨가제를 넣어 목에서 쉽게 넘어가도록 만든다.

쓴소리를 꼭 해야 한다면, 잘 포장해야 할 것 같다. 쓴소리를 하는 사람들은 그 말을 상대가 '새겨' 들을 것으로 생각하지만, 어려운 입장에 놓인 사람 입장에서는 상처에 고춧가루를 뿌리는 것과 같다.

필자도 직선적인 성격이라 알게 모르게 쓴소리를 많이 하는 편이다. 그런데 세월이 제법 지난 뒤에 그들이 과거의 아픔을 이야기할 때면 깜짝 놀라곤 한다. 나는 기억도 안 나는 이야기인데 그들은 그렇게 마음이 아팠구나, 하고 생각하면 여간 후회되는 게 아니다.

시사 프로그램을 제작하는 부서에 있을 때, 한번은 후배에게 이런 말을 한 적이 있다.

"야, 제대로 못 찍으면 회사에 들어오지 마"

단 한마디였고, 농담으로 한 이야기였다. 하지만 필자를 무척 어려워했던 그 후배는 그 말을 곧이곧대로 듣고, 엄청난 부담을 느끼면서 가혹하다고 생각했다는 것이다. 그리고 몇 년이 지난 후 술자리에서 그때의 '쓰라림'을 털어놓은 것이다.

틀린 말이 아닌 말, 새겨들으면 좋은 말, 현실에 부합되는 말도 그것이 입에 쓰다면, 꿀을 타거나 캡슐에 넣어서 상대에게 먹여줘야 한다. 그래야 건강을 회복시키고 역경을 극복하게 만드는 효과 좋은 약이 되어, 상대로 하여금 약을 준 이에게 감사하는 마음을 갖게 할 것이다.

잦은 칭찬은 자만을 낳는다?

자만이 위축보다 낫다

 미국에서 1년간 연수하면서 느낀 것인데, 미국인들은 칭찬에 인심이 넉넉하다. 특히 아이들을 보면서 그런 것을 많이 느꼈다. 영어교육조차 전혀 안 시키고 무작정 미국 초등학교에 입학시킨 우리 아이들이 학교생활을 무난히 해나간 가장 큰 원동력도 작은 것에도 큰 칭찬을 아끼지 않는 선생님들의 태도였다.

 아이들은 말이 전혀 통하지 않는 초등학교에 들어가서도 자신감을 잃지 않았다. 선생님이 간단한 영어 몇 마디에도 "good job" "great" "execllent"라는 칭찬을 아끼지 않았기 때문이다. 아이들은 학교 가기를 좋아했고, 안 들리는 영어 듣는 것을 즐겼으며, 그러다 보니 어느 순간 영어가 빠르게 늘었다.

미국에 간 지 얼마 안 돼 초등학교 1학년 아들을 YMCA 축구교실에 입학시킨 적이 있었다. 아들은 축구에 대한 규칙을 전혀 모르는 데다 말까지 안 통하다 보니, 아군과 적군을 구별하지 못하는가 하면 어느 골대로 공을 차 넣어야 할지도 한동안 알아차리지 못했다.

패스도 드리블도 슈팅도 제대로 못했지만, 코치 선생님은 항상 잘한다고 추어올렸다. 한번은 자살골을 넣고 좋아하는 아들 녀석을 보며 기가 막혔지만, 코치는 우리 아이가 상대편 골을 막으려다 실수한 것이라며 풀백을 아주 잘하고 있다고 칭찬했다.

그래서인지 우리 아이는 주눅 들지 않고 아주 즐거워하며 모든 과정을 잘 마칠 수 있었다. 칭찬이 학습의 가장 큰 원동력이 된 것이다.

칭찬에 인색하도록 교육을 받았고 칭찬에 인색한 사회생활을 하면서, 남에게 칭찬을 잘 하지 않았던 필자도 칭찬의 힘이 참 대단하다는 생각을 한 경험이 있다.

몇 년 전 회사를 그만둔 직장 후배를 한 식당에서 우연히 만난 적이 있다. 그는 회사를 떠나 미국에서 공부를 더 한 뒤 세계적인 금융기관에서 근무하고 있었다. 잠깐 이야기를 나누는데, 그는 오래전에 필자가 자신에게 한 칭찬이 지금까지 자신을 끌어오는 데 큰 힘이 됐다며 감사해했다.

어떤 말을 했는지 기억도 나지 않았는데, 들어보니 필자가 그에게 "너는 참 유능해. 뭘 맡겨도 안심이 되고, 항상 기대하는 것 이상으로 일을 해내는 것 같아"라고 했다는 것이다. 곰곰이 생각해보니 어느 맥주 집에서 그 후배에게 그런 말을 했던 것이 생각났다.

칭찬은 일거양득

우리 사회에서 칭찬에 인색한 것에 대해 칭찬을 자주 하면 자만에 빠진다는 이유를 들기도 한다. 다시 말해, 잦은 칭찬은 버릇을 그르치게 하며 칭찬에 인색한 것이 겸손을 가르치는 동시에 자만하지 않고 분발하게 만드는 방편이라고 생각하는 것이다.

하지만 그것은 '보기 좋은' 변명이다. 남을 좀처럼 인정하지 않는 풍토가 칭찬에 인색한 분위기를 만든 것이다. 칭찬은 남에게 돈 안 들이고 줄 수 있는 성장과 성공의 비타민이다. 그 비타민은 질병에 강하게 만들며 낙관적으로 변화시키고 결과적으로 성공 가능성을 높인다.

칭찬은 상대만 좋게 만드는 게 아니다. 상대의 성공 가능성을 높이는 동시에 다른 사람들이 나에 대해 긍정적이고 밝은 인상을 갖게 해주는 역할을 한다. 칭찬을 잘하는 사람들은 친화력이 있다. 누구나 그에게 다가가 칭찬을 받고 싶어 하기 때문이다.

직장생활에서 주위에 사람이 많이 모이는 사람을 자세히 살펴보면 예외 없이 칭찬을 잘하는 사람이다. 그는 사무실 분위기를 밝게 하고 마음을 가볍게 만들어준다. 그는 닮고 싶은 역할 모델은 아닐지 모르지만, 조직에 없어서는 안 될 양념이란 인식을 우리에게 심어준다.

세 번째 이야기 _ 갈등

맞지 않는 관계도 노력하면 좋아진다?

노력해도 좋아지지 않는 사이가 있다

깨어 있는 동안 가장 많은 시간을 보내면서도 서로에게 가장 많은 상처를 주고받는 것이 직장 동료이다. 잊을 만하면 나오는 설문조사를 보면 직장 동료가 원수에 가깝다.

'직장을 그만두게 하는 1순위'는 변함없이 '상사와의 갈등'이다. 그리고 놀랍게도 응답자의 절반 이상, 많게는 80%가 현재 직장 상사와 갈등 관계에 놓여 있다고 답한다.

직장 동료와의 갈등 때문에 혼자 고민하며, 행여 자신이 성격장애를 가진 게 아닐까 걱정하던 사람들도 이런 설문조사를 접할 때면 '나만 그런 게 아니구나'라고 느끼며 안도하기도 한다.

직장 상사만이 가해자는 아니다. 상사들은 그들대로 후배들이 주는 스트레스를 호소한다. 요즘 후배들은 자의식이 너무 강하고 이기적이기 때문에 다루기가 힘들다는 게 그들의 하소연이다.

아래위에서 느끼는 갈등을 혼자 삭이다 못해 술자리에서 직접 하소연도 해보고, 친구들과 모여 뒤에서 선배나 후배 욕을 실컷 해대더라도 갈등의 매듭은 쉽사리 풀리지 않는다.

여느 직장보다 가치 판단에 민감한 언론사에서는 동료들 간의 갈등도 그만큼 많다. 어느 신문사에 외향적이고 직선적인 성격의 기자가 두 명 있었다. 이들은 나름대로 '뒤끝' 없이 인간관계의 스트레스를 정리하는 것으로 유명했다. 그 정리의 방법은 우습게도 밖에 나가서 '한판 붙는 것'이다.

일을 하다가도 불현듯 "한번 해보자는 이야기야?" "그래, 한번 해봅시다"라는 고함소리가 들리고, 둘은 밖으로 뛰쳐나간다. 그리고 정말 애들처럼 치고받고 싸운다. 싸움의 요령도 공유하고 있다. 누가 알면 시쳇말로 '쪽 팔리니까' 얼굴처럼 노출된 부위는 서로 안 때린다는 것이다.

코미디 같지만, 나름대로의 방법을 자랑하던 이들이 정말 인간관계의 갈등을 해소했을까? 대답은 아쉽게도 전혀 아니었다. 그 두 사람은 평소엔 좀처럼 이야기를 안 꺼내다가도 술만 한잔 들어가면, "저 자식이 얼굴은 안 때린다고 해놓고 때렸다. 평소 행동대로 참 치사한 놈이야" 하고, 또 상대편 후배는 "그만하자고 해놓고는 뒤에서 걸어 넘어뜨렸다"며 응수한다. 갈등 해소의 본질은 사라지고, 유아적 미움만이 더 커진 것이다.

  동료 간의 갈등을 쉽게 풀기는 정말 어렵다. 수많은 인간관계 책을 봐도 기분이 좋거나 나쁠 때 어떻게 하라는 식의 단편적인 해법을 내놓기 일쑤다. 아니면 하기 좋고 듣기 좋은 말로 끝까지 노력하면 이해하게 되고 관계도 좋아질 것이라고 하는 게 전부이니 속이 터질 노릇이 아닐 수 없다.

  해답을 찾기 어려운 것은 해답이 없기 때문일지 모른다. 관계 개선을 위해 이런저런 노력을 해보고 잔재주도 부려보지만, 그러다 지치고 만다. 행여 맘에 안 드는 동료와 헤어지게 되면 쾌재를 부른 뒤 새로운 사람과 다시 갈등의 무대에 선다.

  동료들과 변함없이 갈등을 빚는 것은 그 갈등을 해소하기 위해 몸부림을 치면서도, 정작 자신의 잣대로 상대를 재단하고 자신의 틀에 맞추려 하기 때문이다.

다름을 인정하고 상대가 못 가진 부분을 포기하라

  자신의 가치관이나 행동규범에 맞지 않는 상대가 잠시 스쳐가는 사이라면 갈등도 없을 것이지만, 항상 마주 대해야 하는 동료나 친구라면 이야기는 달라진다. 행동 하나하나가 신경을 자극하고, 그렇다고 꼬집어서 말하기도 어려우니 여간 불편한 게 아니다.

  "저 친구는 예의가 없어. 기본적으로 인성에 문제가 있는 것 같아."

  "제 일도 주체 못하는 사람이 남의 일에 너무 관심이 많아."

  "일을 맡기면 덤벙대고 손끝이 맵지가 않아."

"너무 예민해서 무슨 말을 못하겠어."

"리더십이 부족하고 책임을 지지 않아."

이런 평가들은 누구나 일상적으로 하는 것들이다. 하지만 이 평가에는 모든 사람이 공유하고 공감하는 '객관적'인 잣대가 없다. 제각기 자신의 경험과 가치관을 토대로 주관적인 잣대를 갖고 있을 뿐이다.

만약 상대에 대해 주관적인 평가만 내릴 뿐이고 나의 잣대에 맞지 않는 부분은 마음 편하게 지켜볼 수 있다면, 인간관계의 갈등은 절대로 생기지 않을 것이다. 하지만 늘상 보는 상대에게 그럴 수 있을 만큼 너그러운 사람은 별로 없다. 그러므로 서로가 느끼는 불편과 스트레스는 너무나 당연한 것이다.

하지만 인간관계에서 남들보다 유독 갈등을 많이 겪거나, 그 갈등에서 비롯된 스트레스가 심각한 사람은 자신이 '지배욕'이 너무 강한 사람이 아닌가 생각해볼 필요가 있다. 내 마음대로 상대를 재단하지 못하기 때문에 못 견디고 불편해하며, 결국은 남들보다 더 많은 갈등을 일으키게 된다.

그렇다면 화합의 방법은 무엇인가? 결국 내 기준에 맞추기를 포기하고 상대의 능력이나 개성, 단점 등을 있는 그대로 인정하면 된다. 있는 그대로 인정하기 어렵다면 최소한 상대에 대한 기대 수준을 낮추면 된다. 별것 아닌 것 같으면서도 대부분의 사람들이 실천하기 어려운 일이기도 하다.

내 맘에 차도록 상대를 바꿔보겠다는 욕심은 나에게도 상대에게도 상처가 될 때가 많다. 상대를 어느 정도 포기하고 놓아주면 서로의 상처도 줄어든다. 이때 용기와 아량이 필요하다. 자신의 편협함과 지배욕을 인정하는 용기와 자신의 행동규범에서 볼 때 어긋나는 상대의 행태를 개성으로 바라볼 수 있는 아량이 필요한 것이다.

　상대에 대한 체념이나 포기는 쉽지 않다. 그러나 많은 아픔을 겪다 보면 그것이 갈등의 강도를 낮추는 유일하고 현명한 길이란 사실을 알게 된다.

억울함을 참고 견디면
진실은 결국 밝혀진다?

억울함을 참고 견디면 암이 된다

사회생활을 하다 보면 억울하고 원통한 일들을 당할 때가 있다. 직장에서 자신이 해놓은 연구 과제를 윗사람이 자기 공적으로 삼는가 하면, 탁월한 능력이 있는데도 무능한 팀 때문에 제대로 실력을 발휘하지 못하는 때도 있다.

때로는 자신이 하지 않은 말 때문에 곤욕을 치르기도 하고, 단체 행동에 휩쓸려 원하지도 않은 선택으로 속병을 앓기도 한다. 작은 배려일 뿐인데, 상대가 마치 모든 것을 도와준 것처럼 부풀리는 경우도 있다. 이런 일들은 대부분 시간이 지나면 상처가 아물지만, 어떤 경우에는 치명상으로 남아 그 후의 직장생활에 큰 부담이 될 때도 있다.

모 연구소의 유능한 연구원이었던 한 친구는 어느 날 퇴근 후 같은 부서의 한 선배 연구원으로부터 다급한 전화를 받았다. 그 선배가 중요한 발표 자료에서 심각한 통계 오류를 범했다는 것이다. 그 자료를 가지고 공개석상에서 발표했던 연구소장이 큰 망신을 당했고 그에 대한 책임 추궁이 예상되자, 그 친구에게 다급하게 SOS를 친 것이다.

하지만 정도가 지나친 부탁이었다. 그 선배는 "정말 미안하지만 그 통계 자료를 당신이 작성한 걸로 해달라"고 했다. 상반기에도 작은 실수를 한 적이 있는데, 이번에 이 일까지 겹치면 자신은 연구소를 떠나야 한다며 하소연한 것이다.

아무리 그래도 그런 부탁은 받아들이기 곤란하다며 거절한 지 며칠 지나지 않아, 이번엔 부서장으로부터 전화가 왔다.

"동료로서 이번 한 번만 당신이 봐주면 안 되겠어? 그 친구 가정 형편도 어려운데, 지금 나가면 살 길이 막막해. 당신은 지금까지 아주 유능한 성과를 보여왔으니, 그 정도 작은 실수를 했다고 해도 별문제 없이 넘어갈 거니까 이번 한 번만 도와주지."

부서장까지 전화가 오고 또 곰곰이 생각해보니 그렇게 큰 실수도 아닌 것 같아, 그 친구는 인정상 난감한 부탁을 받아들이고 말았다.

하지만 그것은 나중에 치명적인 상처가 되고 말았다. 얼마 지나지 않아 연구소가 속한 그룹이 자금난을 겪으면서, 연구소에 대규모 구조조정의 바람이 불어닥친 것이다. 열악한 환경에서 상처가 더욱 곪아가듯, 별것 아닐 거라며 뒤집어쓴 상처가 목숨을 위협하는 상황에까지 이른 것이다.

다행히 퇴출은 당하지 않았지만, 이 친구는 두고두고 남의 과오 때문에 승진에서 누락되었고 한갓진 부서에서 마음에 차지 않는 일을 하며 지내야 했다.

반대로 실수를 저지른 그 선배는 직장 내에서 승승장구했지만, 그 이후로 미안하다는 이야기는 꺼낸 적도 없다는 것이다. 또 그 당시 한 번 봐주자고 권유했던 부서장이 그 선배와 대학 선후배일 뿐만 아니라 친인척이란 것도 알게 됐다.

화병이 날 정도여서 그 문제를 폭로해버릴까 하는 마음까지 들었지만, 그렇게 시간이 흐른 다음에 지난 일의 억울함을 호소하는 게 무슨 이득이 있겠으며, 더구나 남들이 자신을 치사한 사람으로 몰아갈 것 같은 생각까지 들었다.

조정자에게 알리는 것이 낫다

직장에 부정한 일이 있을 경우 그것을 폭로하기는 쉽지 않다. 분명히 개선이 필요하다고 느끼면서도, 자신이 나설 경우 밀고자 또는 의리 없는 인간이라는 오명을 쓰게 될지 모른다고 누구나 걱정하는 것이다.

많은 경우, 이런 일을 당하면 '바뀔 수도 없는 것을 말해봤자 더 손해다' '괜히 폭로했다가 찍히면 나중에 헤어날 길이 없다' '참고 견디면 언젠가 진실이 밝혀질 것이다' '지금 감내하면 나중에 나를 보는 눈이 달라질 것이다' 라고 생각하게 된다.

하지만 대부분 이런 낙관적인 희망은 절망으로 끝나는 경우가 많다. 사람들은 자신이 상식적으로 판단한다는 전제 아래 다른 이들도 상식적으로 판단할 것이며, 시간이 지나면 말하지 않아도 진실을 알아챌 것이라고 기대한다.

그러나 '내 맘' 같은 타인은 없다. 희망적인 기대는 절망으로 끝나는 경우가 대부분이다. 자신의 절박함만큼 타인이 나를 절박하게 생각해주고 이해해주는 경우는 거의 없다.

그렇다면 자신이 하지 않은 일로 고통을 당하거나, 자신의 업적을 빼앗기는 등의 불이익을 당했을 때 어떻게 처신해야 할까?

비슷한 일을 당했던 몇몇 사람들의 지혜를 빌리자면, 가장 적절한 방법은 더 이상의 피해가 없도록 알리는 것이다.

단, 알리는 방법과 대상이 중요하다. 대상은 인사권을 가진 고위간부가 좋다. 그가 신중하고 균형 잡힌 성격이라면 더할 나위 없을 것이다. 그에게 이렇게 말할 수밖에 없는 솔직한 심경을 그대로 전하라. 전화보다는 자신의 심경을 찬찬히 정리한 이메일이 좋다.

이런 일을 고자질한 자신을 어떻게 생각할까, 하는 두려움은 버려라. 양식 있는 인사권자라면 고자질했다고 잘못을 나무라기보다는 이렇게 호소할 수밖에 없는 상대의 심정을 헤아릴 것이다. 그리고 그 문제를 외부에 드러내 해결할 경우 문제가 복잡해질 것을 잘 알 것이므로, 양쪽이 모두 다치지 않게 은밀하게 처리할 수 있는 해법을 모색할 것이다.

당장 불이익을 보상받지는 못할 것이다. 하지만 나중에라도 더 이상의 불이익이 없도록 조치를 취해주거나 은밀하게 보상책을 마련해줄 것이다.

충돌은 무조건 피해야 한다?

참는 자에게 복이 온다는 것은 신화일 뿐이다

성격이나 가치관 또는 능력의 차이 때문에 겪는 갈등은 그렇다 치더라도, 가끔씩은 고의적으로 나를 무시하거나 괴롭히는 고약한 사람을 만나는 것도 세상사다.

언젠가는 상대가 자신의 잘못을 깨닫고 행동을 바꿀 것으로 기대하며 참고 견디지만, 그런 날은 대부분 오지 않는다. 견디다 못해 조심스럽게 충고를 해보기도 하지만, 부드러운 충고가 오히려 날카로운 비수가 되어 되돌아오는 경우가 많다. 특히 그 상대가 윗사람일 경우에는 더욱 견디기가 힘들어진다.

어찌 됐든 대부분의 사람들은 상대와 충돌하는 게 걱정되고 귀찮아 그냥 참고 견디는 경우가 많다. 그러면서 참고 견디는 것을 미덕으로 포장한다. 참는 자가 인격적으로 더 성숙한 것이고, 결국은 보상받는다는 '신화'가 만들어지는 것이다.

인간관계에서 가끔은 과감한 충돌이 필요할 때가 있다. 충돌을 무조건 회피하는 것은 어떻게 보면 그만큼 자신이 없기 때문이다. 충돌해서 상대를 변화시킬 자신도 없고, 행여 충돌로 인해 상황이 악화될까 두려워하는 것이다.

고통을 참으면서 지낼 만한 인내심을 지녔더라도 참기만 하는 것은 미덕이 아니다. 그것은 자신의 존엄성을 해치는 일이며, 생산적인 사고를 해도 모자랄 소중한 시간을 고통스러운 감정에 빼앗기는 일이다.

이럴 땐 부딪쳐야 한다. 내가 받는 고통을 상대가 모르고 있다면, 그가 사과하거나 더 이상 같은 행동을 하지는 않을 것이다. 만약 알고 그랬다면, 나의 반발에 뜨끔해하며 고민할 것이다. 잠깐은 어색하고 힘든 과정을 거치겠지만, 시간이 지나면 모험을 하는 것이 훨씬 나았다고 판단할 것이다.

부딪치는 가장 좋은 기술은 예의를 지키는 것

서로가 한번은 충돌이 불가피할 때, 때와 장소를 잘 가려서 해야 한다. 친구 관계든 직장 동료든 어떤 관계이든 간에, 다른 사람들이 있는 상황은 가급적 피하는 것이 좋다. 공개된 자리에선 서로의 자존심 때문에 각자의 입장을 굽히지 않아 상황을 더욱 악화시킬 우려가 있기 때문이다.

한번 부딪치면 당장 잘못을 인정하지는 않더라도 상대편은 고민하게 된다. 고민은 불편함을 낳기 때문에 이를 해소하기 위해 상대는 타협하려 하거나 행동을 바꾸는 등 어떤 식으로든 변할 것이다. 다만, 상황이 악화되거나 감정이 상하지 않도록 하기 위해서는 약간의 기술이 필요하다. 그리고 그중 가장 좋은 기술은 예의를 지키는 것이다. 상대가 어떻게 나오든 예의를 갖추면서 '할 말'을 한다면 크게 손해 보는 경우는 없다.

주변에 보면, 참 많이 부딪치는데도 잘 푸는 사람이 있다. 부러운 장점이 아닐 수 없다. 못 견디는 부분을 상대에게 호소하고, 그에 따른 거북한 감정을 잘 푸는 재주를 모두가 가졌다면 인간관계의 고민은 한층 줄어들 것이다.

매를 들 땐 따끔하게 들어야 한다?

감정이 실린 질책은 반감을 부른다

자식을 가르치는 지혜 가운데, 아이의 잘못에는 매를 들되 그 매에 감정을 실어서 때리지는 말라는 내용을 본 적이 있다. 필자도 가끔 아이들에게 매를 들 때가 있는데, 그것이 얼마나 어려운지 모른다. 머리끝까지 화가 나 있는데, 감정을 싣지 않고 오직 훈육의 강도로만 매를 들 수 있는 부모가 몇이나 될까.

그래서 어느 때부턴가 매를 들지 않기로 작심했다. 대신, 이마에 꿀밤을 먹이기로 했다. 그것은 감정을 실으나 싣지 않으나 강도가 비슷하므로, 수양이 덜 된 부모로서는 쉬운 체벌의 방법이기 때문이다.

사회생활에서도 윗사람으로서 아랫사람을 질책할 때가 있다. 이때에도 최대한 감정을 자제하고 이야기해야 한다. 명백히 잘못을 저지른 사람은 상대가 질책하기 전에 미안한 마음에 몸 둘 바를 몰라 한다. 그때는 차분히 충고하고 격려해주는 것이 훨씬 더 좋은 약이 되고 분발의 계기가 된다.

주눅이 들어 어쩔 줄 모르는 상대에게 분풀이에 가까운 질책을 하면, 반성하거나 분발하기는커녕 반발과 오기만 불러일으킨다. "잘못하긴 했지만 너무하는 것 아냐? 자기는 실수할 때 없었나? 정말 기분 나빠서 일 못하겠네." 이렇게 되면 팀 전체의 분위기가 죽고, 인간관계마저 회복될 수 없는 상황으로 치닫게 되는 것이다.

아랫사람을 질책하는 것도 아이들에게 매를 들 때처럼 감정을 배제하기가 무척 어렵다. 그러나 감정을 배제해야만 후배들이 따르는 선배나 상사가 될 수 있다. 가혹한 매가 아니라 꿀밤을 먹일 수 있는 방법을 찾아야 한다.

매를 든 사람에게 안겨야 한다

연년생인 딸과 아들에게 매를 들 때면 두 아이의 반응에 차이가 있다. 아들은 악다구니를 쓰며 우는가 하면 아예 더 때리라는 시늉을 할 때도 있다. 그런데 딸은 때리는 엄마나 아빠에게 울며 안기면서 용서해 달라고 한다. 매를 든 부모에게 안기는 딸을 보면, 손에 힘이 없어지고 측은한 마음에 와락 껴안게 된다.

잘못을 인정하면서 다가오는 사람에게는 용서와 측은지심이 생기는 게 인지상정이다. 성경에도 보면, 열 자녀와 모든 재산을 잃은 욥이 가혹하게 매를 든 하느님을 원망하기보다는 더 가까이 다가가서 참회하며 읍소하자, 잃은 것의 배가 넘는 축복이 내려졌다는 내용이 있다.

  사회생활에서도 마찬가지다. 잘못을 저지른 뒤, 책임질 테니 맘대로 처분하라거나 질책을 아예 외면해버리면 상대방의 실망과 분노는 더욱 커진다. 진심으로 잘못을 인정하면서 다음에 잘할 테니 한 번 더 기회를 달라고 안겨보라. 그러면 상대의 마음도 누그러지고 실패를 만회할 기회도 얻을 수 있다.

동료애는 어려울 때 배가 된다?

벼랑 끝에는 항상 혼자 서 있게 된다

알면서도 겪고 나서야 마음에 새기는 것 중 하나가 어려울 때 사람들이 떠난다는 사실이다.

남의 일 같던 어려운 일을 자신이 겪어보면 인간관계란 게 얼마나 허망한 것인가 하는 자괴감이 든다. 또, 자신이 그동안 인간관계를 잘못한 게 아닌가 하는 의구심도 든다.

어려울 때 서슴없이 도와줄 것 같던 동료들에게서 어느 순간 거리감을 느끼고, 특히 문제가 된 사안에 조금이라도 관련이 된 이들은 혹시나 책임을 함께 덤터기 쓸까 봐 더 냉랭해진다.

편안한 상황에서는 내가 남에게 도움은 줄지언정 부탁을 하거나 도움을 청할 일이 없다. 반대로 내가 어려운 상황이 되면 사람들은 혹시 돈이라도 빌리지 않을까, 아니면 곤란한 부탁을 하지 않을까, 다시 말해 피해를 주지 않을까 하는 생각에 꺼리는 마음이 생기는 것이다.

이런 인지상정을 알고 있다고 생각하면서도 어느 땐가 자신이 벼랑 끝에 홀로 서 있음을 느낄 때 그 사실은 더욱 절실하고 아프게 다가온다. 벼랑 끝에서 보면, 수많은 지인들이 벼랑 밑에서 또는 멀리 떨어진 언덕에서 관망하고 있음을 느낀다.

어려울 때 친구가 진정한 친구라는 속담도, 어려울 때 그런 친구를 찾기가 정말 어렵기 때문에 생긴 것이다. 어려움이 다가오면 심리적으로 위축되어 주위에 의지하려는 마음이 생긴다. 그런데 가장 도움을 바라는 상황에서 오히려 냉랭함을 느끼기 때문에 한층 더 큰 배신감과 좌절을 느끼는 것이다.

몇 번의 부도 끝에 지금은 탄탄한 사업 기반을 갖춘 한 중소기업가는 이런 말을 했다.

"사람들이 돈 빌려 달랄까 봐 전화도 안 받더라고요. 원망스럽고 그 인간들이 싫었는데, 가만히 생각해보니까 그들이 내 모습이더군요. 사업이 어려워졌다는 친구가 전화를 하면 아예 받지를 않았거든요. 역지사지로 사람에 대한 기대를 없애니까, 오히려 담담해지고 강해져서 활로가 보이더군요."

어려울 때 사람들이 떠난다는 것은 수많은 체험을 통해 얻은 진리다. 그것을 알면서도 겪고 나서야 아파하는 것 또한 보통 사람들의 모습이다. 어려울 때는 주위 사람에 대한 기대감을 최소화해야 한다. 그래야 스스로 상처를 키우는 것을 막을 수 있다.

어려울 때 도와주면 평생의 원군이 된다

"그 사람만은 무슨 일이 있어도 은혜를 잊지 말아야 한다"고 자타에게 각인하는 대상이 있는 경우가 있다. 무슨 일이 있어도 믿고 고마워하며, 항상 부채 의식을 느끼고 살아가는 대상이 바로 어려울 때 도와준 사람이다. 편안할 때, 도움이 필요 없을 때 편의를 준 사람은 쉽게 잊히지만, 벼랑 끝에 서 있을 때 손을 잡아준 사람은 평생 잊을 수가 없다.

필자는 지난 2000년 남북 정상회담 발표를 앞두고 남침용 땅굴이 발견됐다는 보도를 했다가 '역사의 반동'인 동시에 오보를 했다는 오명을 쓰고 곤욕을 치른 적이 있었다. 몸무게가 15킬로그램 가까이 빠지고, 스트레스 때문에 간 기능이 극도로 저하되는 고통을 겪었다. 그때 고맙고도 힘이 된 것은 몇몇 동료들의 믿음이었다.

그들은 필자를 끝까지 믿고 지지하며, 결국은 진실이 밝혀질 것이라는 취지의 글을 사내 통신망에 올려 만신창이가 된 필자를 위로해줬다. 자료 정리를 좀처럼 하지 않는 필자도 그때 사우들이 올린 그 글만은 프린트해서 비닐파일에 넣어 보관해오고 있으며, 빛바랜 글을 지금도 가끔씩 꺼내보며 눈시울이 뜨거워지는 자신을 발견하곤 한다.

어려울 때 많은 사람들이 돌아서지만, 고맙게도 개중에 몇 사람은 손을 잡아주는 이들이 있다. 그들 때문에 감동을 느끼고 힘을 얻는다. 어떻게 보면 사람의 마음을 가장 저렴한 비용으로 얻을 수 있는 방법이 그 사람이 힘들어할 때 적으나마 베푸는 것이 아닐까 한다.

누구나 상식적인 마인드를
갖고 있다?

대화가 안 통하는 사람이 있다

화가 나서 싸움으로 번질 상황이 오면 대화로 풀자고 이야기한다. 그러나 대화로도 풀리지 않을 때가 있다. 어떤 상대는 상식적인 이야기를 하는데도 도저히 말이 통하지 않는다. 내 말에 조리가 없어서인가 반성해보기도 하지만, 알아듣게 이야기하는데도 모든 상황을 비비 꼬아서 받아들이는 사람에게는 두 손 두 발 모두 들고 만다.

하루는 출근을 하는데 로비가 매우 시끄러웠다. 무슨 일인가 봤더니, 양복을 말끔하게 차려입은 한 남성이 경비들과 언성을 높이며 실랑이를 하고 있었다. 경비요원에게 물어보니, 모 투자회사 직원인데 다짜고짜 재무팀에 올라가겠다고 하기에 막았다는 것이다. 그런데 그는 "당신

네들 회사가 투자하면 돈이 될 만한 정보를 가져왔는데, 어서 오시라고 환영은 못할망정 왜 막느냐"며 언성을 높이고 있었다.

 방송사는 회사의 특수성 때문에 출입에 제한이 많다. 요즘은 방송사 뿐만 아니라 회사에서도 불청객들을 통제하는 것이 상식이다. 그런데 그는 약속도 하지 않고 상대방의 양해도 없이 영업을 하러 왔으면서, 사람을 몰라본다며 목소리를 높이고 있는 것이었다. 주객이 전도된 셈이다. 경비대장이 내려와서 알아듣게 설명을 했지만 막무가내였고, 결국은 경비요원들에게 밖으로 끌려나가면서 방송사가 곧 망할 것이라며 '저주'를 퍼부어댔다.

 한번은 택시를 탔는데, 기사 분이 무료했는지 음악을 크게 틀고 있었다. 그러려니 하고 반포에 있는 삼호가든 사거리 쪽으로 가자고 했다. 그런데 방향이 좀 이상한 것 같아 지금 삼호가든 쪽으로 가고 있냐고 물었더니, 신사동에 있는 삼원가든으로 가고 있다는 것이었다.

 택시기사에게 라디오를 너무 크게 틀어놓아서 잘못 들은 것 같다며 삼호가든으로 가자고 말했다. 그랬더니 대뜸 누굴 귀머거리로 아느냐며, 손님이 잘못 말해놓고 자기를 귀머거리로 몬다는 것이었다. 자신이 택시기사를 하니까 그렇게 만만해 보이냐며 사람을 무시해도 유분수라는 등 어이없는 항변을 쏟아 부었다.

 하도 기가 차서 차를 세우라고 한 뒤 그때까지의 요금을 주니까, 안 받겠다면서 당장 오늘로 택시기사를 때려치우겠다고 했다. 차에서 내린 뒤에도 혼자 중얼거리며 불평을 해댔다.

 말이 안 통하는 경우, 상식이 안 통하는 경우를 누구나 한번쯤은 경험한다. 지위, 성별, 연령을 막론하고 누구나 상식을 갖추고 있을 것 같지만, 상식적인 마인드를 갖지 못한 사람들도 있다. 대개 열등감이나 잦은 실패로 인해 세상을 보는 시각이 비뚤어진 사람들이다.

열등감과 피해의식은 스스로에게 상처를 낸다

사람을 만나다 보면 유난히 상처를 쉽게 받는 사람들이 있다. 별것 아닌 말에 발끈하고, 의기소침해하며, 세상을 원망한다.

이런 사람들은 자기 마음속에 스스로 상처를 내고 다른 사람을 기다린다. 그래서 상대가 작은 실수라도 할라치면 그 상처를 그 사람의 탓으로 돌리고 미워하고 원망한다. 대부분 열등감과 피해의식 때문이다.

열등감과 피해의식에 찌든 사람들은 대개 자신이 무엇을 해야 하는지, 자신의 일에 어떤 태도를 지녀야 하는지를 모르는 경우가 많고, 또 알더라도 그것을 왜곡한다.

언젠가 중견업체에 알아볼 일이 있어서 홍보팀에 전화를 한 적이 있었다. 몇 가지 사항을 물어보니, 홍보팀장이란 사람이 필자에게 다짜고짜 "언제 봤다고 그런 걸 물어보냐"고 했다. 깜짝 놀라 거기가 홍보팀이 맞냐고 되물어보니까, 지금 바쁘니 전화를 끊겠다는 것이었다.

어이가 없어 뭘 잘못했나 반문해봤지만, 아무리 생각해도 이해가 되지 않는 행동이었다. 그래서 다른 경로를 통해 알아보니, 그 회사의 회장이 이전에 불법행위로 구속되면서 언론에 호된 질책을 맞았다는 것이다.

그것을 계기로 홍보팀이 만들어졌는데, 경험이 없는 회장의 측근으로만 구성해놓으니까 피해의식으로 똘똘 뭉쳐 있다는 것이다. 그 결과, 회사의 이미지를 제고해야 할 홍보팀이 싸움닭으로 변해 회사의 이미지를 실추시키는 중추적인 역할을 하고 있었다.

주위에서 보게 되는 '자신을 부정하는 사람'의 경우도 열등감의 희생양이다. 그들은 열등감에 사로잡혀 살면서 상대의 작은 실수에 분노를 느낀다. 그리고 항상 이렇게 되뇐다. "내가 이런 일이나 할 사람이 아닌데……."

열등감과 피해의식은 상식의 눈을 가리는 안대가 된다. 그리고 그런 사람들을 대할 때 대화가 주는 무력감과 절망감을 느끼게 된다. 스스로 변하기 전에는 그 사람을 이해시키기는 불가능하다.

가까운 사람 간의 갈등은
칼로 물 베기?

가까운 사람이 준 상처는 더 깊다

부부싸움을 흔히 칼로 물 베기라고 한다. 싸워도 금방 화해하고 관계의 본질을 해치지 않기 때문이다. 그러나 그것은 서로 이해하고 갈등을 잘 풀 때 이야기다. 감정의 앙금이 쌓이면 이야기가 달라진다.

심각한 갈등 관계를 자세히 살펴보면, 의외로 아주 가까운 사이일 때가 많다. 친한 친구가 영원히 볼 수 없을 것 같이 관계가 나빠지는가 하면, 부모 자식이 원수가 되고, 형제와 친척이 남만 못하는 상황을 자주 목격하게 된다.

칼로 벤 물이 완전히 갈라져 각기 제 갈 길로 가버리는 것이다. 가까운 사이가 돌이킬 수 없게 된 것은 기대감이 그만큼 큰 탓이다. 상대방이 무조건 받아줄 수 있는 대상이라 생각하고, 그렇게 하더라도 상대가 이해할 것이라 예상하며, 상대가 해낼 수 있는 이상으로 기대하고, 그것을 가까운 사이니까 당연하다고 생각하는 것이다.

어려운 일을 당하면, 똑같이 서운한 말을 하더라도 모르는 남보다 부모나 자식이, 남편이나 아내가, 가까운 친구가 한 말이 훨씬 아프게 다가온다. 남들이 한 서운한 말은 금방 잊어버리지만, 가까운 사람이 한 말은 오래도록 가슴을 시리게 만든다.

중국의 고전인 『경행록累行錄』에는 이런 말이 있다고 한다. "친구를 용서하는 것보다 원수를 용서하는 것이 훨씬 쉬운 일이다." 가까운 사람이 주는 상처가 그만큼 크다는 것을 의미하는 말이다.

기대가 크면 잘못도 커 보인다

오래전에 이민을 선택한 70대 노인이 있었다. 이역만리에서 외로움을 느끼던 차에 친한 고향친구가 주변 지역으로 이민 온다는 소식을 듣고 무척 기뻤다. 여생을 함께 나눌 친구가 옆에 있다는 게 얼마나 기쁜지 몰랐다. 그런데 어느 순간 사이가 매우 나빠져 한국에 있는 친구들 사이에서도 소문이 날 정도였다.

서로가 상대에게 너무 기대가 컸던 나머지, 사소한 잘못을 빙산처럼 여겨 서로 실망하고 미워하면서 관계가 냉각된 것이다. 노인들은 서로를 증오하면서 한국에 있는 친구들에게 제각기 상대의 험담을 해댔다.

부모 자식 간에도 마찬가지다. 자식의 능력이 안 되는 줄 알면서도 부모는 기대를 버리지 못한다. 부모의 큰 기대가 무서운 압박이 되어 때로는 죽음을 선택하는 청소년들도 있다.

  가까운 사람에 대한 기대를 접는 것은 참 어렵다. 가까운 이에게 큰 기대를 거는 것은 인지상정이다. 하지만 그것이 여의치 않은 상황이 분명히 있다. 그럴 때는 감정의 앙금이 큰 상처를 만들기 전에 기대치를 낮춰야 한다. 그러면 상대를 측은하게 여기게 되고, 사랑스러운 감정이 새록새록 자란다.

네 번째 이야기 _ 화해

상처도 시간이 지나면 아문다?

상처는 시간이 해결해 주지 못한다

기자생활을 하면서 알게 모르게 많은 이들에게 상처를 준 것 같다. 기사란 게 좋은 내용을 쓰는 경우도 있지만, 아무래도 그 반대의 경우가 많다. 무심코 쓰거나 작심하고 쓰거나, 기사 한 줄 때문에 안팎으로 큰 상처를 입은 이들이 얼마나 많을까를 생각하면 그 내용의 정당성을 떠나 참 독한 일이구나, 하는 생각이 들 때가 있다.

상대에게 큰 타격을 입히는 기사를 쓸 때, 기자들은 정의감을 내세운다. 또 당연히 기자의 권리인 동시에 의무라고 생각한다. 그래서 상대는 '당해도 싸며', 내가 쓰는 기사는 사회를 비추는 거울이 된다고 생각하는 것이다.

언젠가 정부 부처의 문제점을 다룬 적이 있었다. 대통령이 기업 활동을 북돋우기 위해서 대폭적인 규제완화 조치를 발표한 시기였는데, 며칠 뒤 중소기업 사장으로부터 필자에게 제보가 들어왔다.

모 부처에서 분명히 관련조항이 있는데도 한 번도 적용해본 적이 없다는 이유로 민원사항을 들어주기를 거부한 것이다. 규제완화를 발표한 시점에서 규제를 강화한 셈이다. 바로 취재에 들어갔고, 미안하게도 담당과장을 만나 '몰래카메라'로 음성을 녹취했다. 똑같은 이야기가 나왔다.

요지는 허용조항이 있지만, 그것을 한 번도 적용한 전례가 없기 때문에 못해준다는 것이었다. 그 내용이 방송에 나갔고, 해당 과장은 대통령에 대한 괘씸죄까지 걸려 수없이 곤욕을 치렀다.

세월이 흘러 필자는 또 다른 경제부처에 출입하게 됐다. 그러다가 오래 외국에서 떠돌다 귀국한 국장 한 분이 몇몇 기자들과 저녁을 먹자며 연락했다. 처음 보는 얼굴이라 통성명을 한 뒤 이런저런 이야기를 하며 술잔이 돌았다. 저녁 자리가 끝날 즈음, 그 국장이 필자에게 물었다.

"혹시 예전에 다른 부처에 규제완화 관련 내용을 취재하러 오신 적 없으세요?"

깜짝 놀랐다.

"그런 적이 있는데, 어떻게 아세요? 그렇지 않아도 취재했던 과장한테 미안해서 찾아가서 인사라도 하려고 했는데, 안 보이더라고요."

대답이 끝나기도 전에 그는 이렇게 말했다.

"그게 바로 접니다. 오늘 오신다고 해서 혹시나 그분이 맞나 했더니,

맞네요. 오랜만입니다."

　대화를 주고받으면서도 스스로 자신임을 밝힐 때까지 정말 까맣게 몰랐다. 그러면서 생각했다. '때린 사람은 금방 잊어도 맞은 사람은 평생 상처를 안고 가는구나.' 그 후에 그와는 많은 만남이 있었고, 서로 간의 입장 차에서 생긴 앙금을 어느 정도 씻으며 새롭게 관계를 형성할 수 있었다.

상대의 상처가 아물 것이란 기대는 가해자의 자위

　사람들은 다른 사람에게 상처가 되는 일을 하면서, 시간이 지나면 그 상처도 아물고 자신에게 서운했던 감정도 사라질 것이라고 생각하거나 믿는 경향이 있다. 특히, 자신이 정당한 일을 했다고 생각할 때, 이런 경향은 더욱 강해진다.

　하지만 상대에게 상처를 입힌 행위가 비록 정당하다고 하더라도, 상처를 입은 사람의 입장에선 서운하고 원망스럽기는 마찬가지다. 정당한 일이었기 때문에 상대방이 상처와 미움을 잊을 것이란 기대는 '가해자'의 자위일 뿐, 상처받은 사람은 계속 '멍'을 갖고 살아간다.

　그리고 그 상처와 멍은 가해자가 알아채고 어루만지며 약을 발라주지 않는 한 사라지지 않는다.

용서하면 모든 관계가 회복된다?

용서한 후가 더욱 힘들다

자신에게 상처를 준 사람을 용서하기는 정말 힘들다. 그 상처를 생각하면 증오가 커지고 상대에 대해 생각만 해도 불쾌해지며 분노가 치민다. 용서는 과거의 잘못을 더 이상 따지지 않는다는 것이며, 앞으로도 좋은 낯으로 용서한 상대와 관계를 유지한다는 것을 의미한다.

그러나 용서를 하더라도 찌꺼기는 남는 게 인지상정이다. 인간관계에서 용서가 힘든 이유는 상대의 잘못을 덮어주는 것은 그렇다 치더라도 감정의 찌꺼기가 남은 상태에서 계속 그를 만나야 한다는 게 힘들기 때문이다.

용서한 뒤에 만날 일이 없다면 용서하기가 한결 쉬워질 것이다. 어차피 안 볼 사람이니 잊어버리면 그만이다.

오래 장수를 누린 한 노인은, 90세 이상 살아 있으니까 그동안 자신이 마음속에 원한을 가졌던 사람들을 모두 용서하게 되더라고 말했다. 그만큼 성숙해져서가 아니다. 오래 사니까 상처를 준 이들이 모두 죽고 사라져, 앞으로 볼 일이 없기 때문이란다.

하지만 앞으로 계속 봐야 되는 관계나 언젠가 한 번은 만날 입장에 처해 있으면 용서가 쉽지 않다. 미래에는 더 당하지 않겠다고 다짐하며 복수의 칼을 가는 것이다.

용서하되 신뢰하지 않는다면 용서하기가 쉽다

미국의 유명한 교회 지도자인 릭 워렌 목사는 사람들이 좀더 편하게 용서하지 못하는 이유를 이렇게 풀이했다.

많은 사람들이 신뢰와 용서의 차이를 이해하지 못하기 때문에 용서하기를 주저한다는 것이다. 그는 용서란 과거를 잊는 것이고, 신뢰는 미래에 관한 것이라고 말했다. 따라서 과거를 용서한다고 해서, 앞으로 그 사람을 신뢰해야 한다는 의미는 아니라고 설명했다.

이렇게 용서와 신뢰를 분리시키면 용서하기가 한층 쉬워진다. 한 가지만 하면 되기 때문이다. 용서만 해주고 당분간 신뢰는 하지 않아도 된다면, 부담은 절반으로 줄어드는 셈이다.

복수심은 상대에게는 아무런 영향을 미치지 못하면서 자신의 마음과 몸에 큰 상처를 남긴다. 이는 격언 같은 것은 제쳐두더라도 현대 의학으로도 검증된 부분이다. 용서하고 사는 게 스스로에게 '실속' 있는 선택인 셈이다.

  만약 실속 있는 선택을 하기 힘들다면, '용서해도 신뢰하진 않겠다'고 생각하면 화병 없이 오래 살 수 있을 것 같다.

사과는 언제 해도 늦지 않다?

마음속에 담아둔 사과는 회한을 낳는다

돌아가신 지 20년이 넘는 할아버지에 대한 미안함을 필자는 지금도 갖고 있다. 필자와 바로 아래 동생은, 아이들에게 더 좋은 교육 환경을 마련해줘야겠다는 어른들의 배려로 시골에서 진주로 전학을 와 할아버지 할머니와 진주시 외곽에서 살았다.

할아버지께선 아버지의 사업이 힘들어지자, 진주에서 밭농사를 짓고 돼지도 키우면서 생활비를 충당하셨다. 가세가 많이 기울어 힘들었지만, 할아버지는 손자들이 영특하다는 것에 큰 보람을 느끼시고 힘든 일도 마다하지 않으셨다.

중학교 2학년 때로 기억된다. 당시 필자는 5킬로미터가량 떨어진 중학교에 자전거로 통학했다. 하루는 친구 두 명과 뒤벼리로 불리는 남강 외곽도로를 달려 집으로 오고 있을 즈음, 저만치 앞에서 다 녹슬어 금방 내려앉을 것 같은 짐발이 자전거를 힘겹게 몰고 가는 초라한 행색의 노인 한 분을 발견했다.

소매와 바짓단이 다 해진 옷을 입은 노인의 모습은 봄꽃이 만개한 강변도로의 화려함과 대비됐다. 언덕길이 힘에 부치시는지 금방이라도 쓰러질 듯하더니, 이내 자전거에서 내려 오르막을 끌고 가셨다. 필자는 한눈에 할아버지임을 알아챘다.

스스로 생각하기에 공부 잘하고 개성도 강해 학교에서 꽤 이름을 날린다고 생각하던 필자는 너무나 초라한 할아버지를 친구들에게 보이는 게 순간적으로 무척 부끄럽고 싫었다. 그래서 속도를 더 내서 할아버지 옆을 휙 지나쳤다.

할아버지께서 알아채지 못하길 바랐지만, 뒤에서 "철종아!" 하고 몇 번이나 부르는 음성이 들려왔다. 같이 달리던 친구들이 "네 할아버지가 아니냐"고 물었다. 필자는 아니라고 신경질적으로 대답하며 냅다 달렸다.

몇 달 뒤 할아버지는 저혈압으로 길거리에서 쓰러지셨다. 돼지를 거둬 먹일 음식 찌꺼기를 짐발이 자전거로 수거하러 나가셨다가 당한 일이었다. 다행히 병원에서 조금 쉬면 나아질 수 있다는 진단을 받았다.

필자는 할아버지가 며칠 쉬시는 동안 대신 돼지 밥을 받아오겠다고 말했다. 그런 필자를 할아버지는 무척 대견하게 생각하셨다. 그런데 호기 있게 말은 했지만 쉽지가 않았다. 무엇보다 창피했다.

할아버지의 짐발이 자전거는 왜 그렇게 녹도 많이 슬고, 냄새 나고, 볼품없고, 무겁던지. 자전거를 한번 끌고 나가면 힘들고 창피한 마음에 온몸이 땀으로 범벅이 되었다. 그리고 항상 아는 친구는 만나지 않기를 기도했다.

하루는 짐발이 자전거를 타고 진주시 가장 중심지에 있던 중식당에서 밥을 받아 나오다 힘이 달려 큰 음식통을 인도에 쏟고 말았다. 출근길 사람들이 비명을 질렀고, 개중에는 욕을 해대는 사람도 있었다.

손으로 인도에 떨어진 우동가락을 쓸어 담으면서 얼마나 부끄럽고 화가 나던지, 집으로 돌아온 필자는 심하게 투정을 부렸다. 보고 계시던 할아버지는 "오늘부터 내가 하마"라고 하시며 다시 짐발이를 맡으셨다.

그 뒤 할아버지는 고단한 돼지 밥 거두기를 계속하셨고, 1년쯤 뒤 또다시 길에서 쓰러져 돌아가셨다. 할아버지 영정 앞에서 참 많은 눈물을 흘렸던 기억이 난다. 마음속에 담아둔 채 할아버지에게 사과하지 못했던 두 번의 일이 너무나 후회스러웠다.

첫 번째는 할아버지 모습이 부끄러워서, 뒤에서 반가운 마음에 손자를 부르는 음성을 외면하며 도망갔던 일이고, 두 번째는 음식 찌꺼기 수거를 더 도와드리지 않아 할아버지가 아픈 몸을 이끌고 다시 짐발이를 끌고 나가시도록 했던 일이다.

사과할 마음이 생긴 그때가 사과할 때다

살다 보면 누구나 사과할 일이 생긴다. 사과할 일이 없다면 그는 성인聖人이거나, 아니면 아예 인간관계를 끊고 사는 사람일 것이다.

그러나 사과를 쉽게 하는 사람은 의외로 드물다. 가까운 사람에게는 가깝다는 이유로 말 안 해도 상대가 이해할 거라며 미루거나, 잘못은 인정하면서도 자존심 때문에 머뭇거린다. 어려운 사람에게는 대하기 껄끄럽다는 핑계로 선뜻 사과하기를 꺼린다.

그러나 미룬다고 미안한 마음이 사라지는 것은 아니다. 사과는 내키지 않더라도 가급적 빨리 하는 게 경험적으로 보면 훨씬 편하고 효율적이다. 마음에 담아둔 사과는 상대를 볼 때마다 불편하게 만든다. 마치 빚진 사람이 빚쟁이를 만나는 마음과 같다.

자꾸 미루기 시작하면 영원히 못할 수도 있는 것이 사과다. 그만큼 마음에 쌓인 불편함의 높이는 높아진다. 사과하기 가장 좋은 때는 사과해야겠다는 마음이 생긴 바로 그때다.

화해는 잘못한 이가 먼저
청해야 한다?

화해가 증오보다 어렵다

화해가 증오보다 어렵다는 말이 있다. 또 화해는 용서보다 어렵다. 용서나 증오는 일방적이지만, 화해는 쌍방적이기 때문이다. 용서나 증오는 자존심을 굽힐 필요 없이 할 수 있지만, 화해는 자존심을 굽히지 않고서는 좀처럼 하기 힘들다.

화해의 어려움은 또 있다. 명백히 잘못한 쪽이 있다면 화해가 그렇게 어렵지 않을 것이다. 잘못한 쪽이 인정하면 되기 때문이다. 그런데 화해하기 전에는 대개 어느 한편의 잘못을 확실히 가리기 힘든 경우가 많다. 양쪽 모두 '내가 뭘 잘못했는지 모르겠다'고 생각하기 때문에 어느 쪽도 먼저 화해하려고 하지 않는다.

용서도 그렇지만 화해도 상대를 다시 만날 필요가 없다면 시도할 필요도 없고, 고민도 없을 것이다. 하지만 어차피 보지 않을 수 없는 사람과 깨어진 관계를 지속한다는 것은 미움과 불편함을 함께 안고 살아야 하기 때문에 여간 힘든 게 아니다.

누군가 손을 먼저 내밀어야 화해가 성립된다

화해가 성립되지 않는 상황을 살펴보면, 쌍방은 제각기 잘못이 없거나 잘못이 있더라도 상대보다는 적다고 생각하는 경우가 많다. 그래서 불편한 마음으로 내키지 않은 상태에서 화해를 제의했다가도 상대의 뜨악한 표정에 곧바로 괘씸한 마음이 든다.

"사실 내가 잘못한 것이 아닌데도 먼저 화해를 청했는데, 네가 그것도 모르고 이럴 수 있어? 적반하장이 따로 없네."

이렇게 되면 화해는 물 건너가고 관계는 또다시 불편해진다. 화해는 어지간한 각오로는 실패할 확률이 높다. 상대가 어떻게 나오더라도 화해를 해야겠다는 '독한' 마음을 갖지 않으면, 화해를 위한 대화 도중에 잘잘못을 또 가리게 되고, 마음이 더 상해버리는 악순환에 빠지기 때문이다.

화해는 에너지가 많이 드는 일이다. 가장 큰 연료는 자존심을 굽히는 일이고, 첨가제로는 아량을 갖추는 것이 필요하다.

화해를 하지 않으면 자존심은 살릴 수 있을지 모르지만 매우 불편하다. 그리고 상대에 대해 기분 나쁘게 여기는 점도 곰곰이 생각해보면 그것이 치명적인 것도, 개선이 불가능한 것도, 운명을 좌우할 만한 것도 아니라는 사실을 알게 된다.

'가치 있는 적과 화해하면 더 가치 있는 친구가 된다'는 격언이 있다. 가치 있는 친구를 적으로 만들 필요는 없다. 문제는 자존심이다. 잘잘못을 떠나 자존심을 굽히면서 먼저 손을 내미는 쪽이 나중에는 승리의 미소를 짓는다.

다섯 번째 이야기 _ 인맥

출세, 무엇보다 줄을 잘 서야 한다?

출세에는 특별한 능력과 '관계'가 필요하다

재벌 그룹의 핵심 파트에 있는 임원들은 어떤 사람들일까?

필자가 경험한 바로는 두 가지 부류로 나뉜다. 하나는 특별한 능력을 가진 사람들이다. 또 다른 하나는 특별한 관계를 가진 사람들이다.

능력이 출세의 필요충분조건은 아니지만, 뛰어난 사람이 높은 자리에 올라갈 확률이 그만큼 높은 것은 당연하다. 하지만 능력만으로는 안 된다. 재벌그룹들의 재무, 인사, 기획 등 핵심 파트를 살펴보면, 기업주 아니면 실세들과 특별한 관계를 가진 사람들이 반드시 끼어 있다.

모 그룹의 기획 부문 상무는 그룹 회장 아들의 고등학교 친구였다고 한다. 입사 후 몇 년까지는 다른 동기들과 마찬가지로 회사 생활을 했지만, 우연히 그룹 회장의 해외 순시 때 수행 멤버에 낀 것이 그의 운명을 바꾸었다. 똘똘하게 일을 처리하는 그에게 회장이 문득 "어느 고등학교 나왔어?"라고 물었고, 회장은 똑똑해 보이는 청년사원이 자신의 아들과 고등학교 동기생이란 걸 알았다.

이를 계기로 회장 아들의 친구는 승승장구했고, 회장의 믿을 만한 측근으로, 다음에 그룹을 물려받을 회장 아들의 가장 가까운 동료로서 그룹에서 확고한 자리를 굳혔다.

능력과 함께 인간적인 연緣과 계기가 정점으로 가는 열쇠가 될 때가 많다. 물론 진대제 전 정보통신부 장관이나 김정태 전 주택은행장처럼 탁월한 능력을 갖고 있다면 그런 연이 없더라도 회사의 필요에 의해서 톱으로 추대될 것이다. 그런 스타들을 제외하고는 어지간한 능력으로 남들이 모두 부러워하는 위치에 앉기는 힘들다.

줄서기도 모험이다

소설이나 영화처럼 우연히 핵심위치에 발탁된다면 좋겠지만, 그럴 수 있는 인적 자산과 행운을 가진 사람들은 많지 않다. 힘 있는 사람과 좋은 관계를 맺거나 이른바 '라인'이 되는 방법은 그 사람들 가까이 다가가는 것이다. 능력이 있어서 실력자가 자신의 줄을 잡으라고 제의한다면 그것도 좋을 것이다.

이렇게 해서 줄을 잡으면 그 줄을 놓치지 않기 위해 부단히 노력해야 한다. 힘을 가진 선배가 제의하는 자리에는 항상 따라가야 한다. 학연을 통한 인적 교류도 외면해선 안 된다. 어느 순간, '누구, 누구는 어떤 이의 라인'으로 불리고, 그가 잘나갈 때면 덩달아 혜택을 누리며 뭇 사람들의 부러움과 질시를 받게 된다.

 이런 공식은 일반 직장이나 공무원 사회, 군대를 막론하고 어느 곳에서든 존재한다. 그래서 어떤 실력자가 높은 자리에 오르면, 그 다음 자리는 누가 되겠다는 예측까지 가능한 것이다.

 하지만 이런 줄서기의 혜택을 누리기 위해선 모험을 감수해야 한다. 자신이 줄을 섰던 이가 어느 순간 내리막길을 걸을 때, 거기에 줄을 섰던 사람들도 줄줄이 고배를 마시는 경우가 많기 때문이다. '저 사람은 누구 라인'이라고 찍히는 것은 어쩌면 다른 기회를 차단하는 자충수가 될 수도 있다.

 다른 경쟁자와 밀접하고 충성스러운 관계를 유지했던 사람들을 가까이하는 것을 좋아할 사람은 없기 때문이다. 사장이 바뀌면 비서진에서부터 운전기사까지 바뀌는 것도 다른 라인에 있던 사람들이 자기 라인 안으로 들어오는 게 싫기 때문이다.

홀로 묵묵히 가는 길은 힘들다

 이런 위험성에도 불구하고 조직생활을 하다 보면 어느 순간 줄을 서지 않을 수 없는 단계가 온다. 이런저런 신경 쓰는 일도 귀찮고, 이렇다 할 줄을 잡지 못한 사람들은 '출세'하기 위해 '건전한' 방법을 택할 수도 있다.

 그들은 어떤 면에선 줄을 잡지 않는 것이 좋을 수도 있다고 생각한다. 누구 사람이란 소리를 듣지 않으면서 자신의 노력으로 상품 가치를 높이면 누가 실력자가 되더라도 선택될 수 있는 기회가 생긴다고 판단하기 때문이다.

탁월한 능력을 가졌다면 그것은 맞는 말이다. 그러나 보통 또는 보통을 조금 넘는 능력을 가진 사람들이 걸어가기에는 '프리랜서'의 길이 녹록지 않다. 묵묵히 혼자 가는 길은 험난하다. 줄을 선 사람들의 시기를 부를 수도 있고, 실력자가 옹색한 인격을 가졌을 경우 자기 '새끼'가 아니라며 외면할 수도 있기 때문이다.

특히, 최고책임자가 인적 운용에 미숙해 상호간의 견제가 약한 조직에서는 묵묵히 노력하는 사람은 '줄 선 사람'들에 의해 왕따를 당하고 만신창이가 될 수도 있다.

줄서기의 성공 조건

이것도 위험하고 저것도 위험하다면, 줄서기는 선택의 문제가 될 수 있다. 그러나 핵심적인 위치를 목표로 한다면, 줄서기는 현실적으로 불가피한 선택이란 점도 부인하기 힘들다. 줄서기에 성공하기 위해선 몇 가지 전제 조건이 있다.

첫째, 자신의 상품 가치를 부단히 높여야 한다. 줄을 선다고 해서 누구에게나 출세의 지름길이 열리지는 않는다. 어떤 이는 '실력자' 쪽에서 자기 줄에 서는 것을 바라지 않을 수도 있다. 실력자도 바보가 아니니 그 사람이 무능한 사람일 경우 자기 줄에 서면 줄이 약해져 끊어질 것을 염려하기 때문이다. 실력자는 유능한 사람이 자기 줄에 서는 것을 좋아한다.

둘째, 줄도 가려서 서야 한다. 무엇보다 능력과 상식을 갖춘 사람들이 늘어선 줄은 잡아도 좋다. 줄을 떠나서도 독자적으로 생존할 수 있고, 서로가 건전하게 경쟁할 수도 있기 때문이다. 집단 이기주의를 유일한 무기로 삼는 줄이라면 피하는 게 좋다. 그 줄이 끊어지면 줄을 붙잡고 있던 이는 모두 목숨을 내놔야 할 것이다.

셋째, 충성심이 있어야 한다. 결정적인 순간에 윗사람이 부하를 가장 높게 평가하는 기준은 충성심이다. 유능하지만 충성심이 부족하다면, 핵심적인 일을 맡길 때 누구라도 망설이게 된다. 줄을 서되 충성심이 없다면 서지 않은 것만도 못한 결과를 초래한다.

'줄'이 현실적으로 효력 있는 출세의 수단이란 사실을 부정할 수는 없다. 그리고 좋은 줄이 있다면 붙잡고 활용하는 것도 재주다. 능력과 줄을 모두 갖추고 있다면 출세는 보장된 것이지만, 그렇지 못하다면 우선적으로 능력을 키워 상품 가치를 높여야 한다. 그래야 좋은 줄도 잡을 수가 있다. 상품 가치가 부족한 이에게 내 줄을 잡으라고 던져줄 선배나 상사는 아무도 없다. 결국 줄 잘 서기에만 집착하며 눈치 보는 이보다는 자신의 값어치를 높이는 사람에게 성공과 출세의 가능성이 더 열려 있는 것이다.

공적인 관계에 가족을
끌어들이지 말라?

탈도 많지만 득도 많은 게 현실

좋은 인맥을 형성하는 방편으로 가족을 동원하는 경우가 있다. 부부 동반 모임이 그렇고, 직장 동료나 지인들의 부인들끼리 모임을 만들어 교분을 유지하는 경우도 있다. 남자들의 모임에서 선물을 줄 때 당사자보다는 그 부인에게 선물을 주는 것도 가족에 대한 배려가 친분을 깊게 한다는 판단에서다.

상대방의 가족, 특히 부인들을 통한 이런 교분은 가끔 비난을 받기도 한다. 한 시중은행의 행장은 통폐합 이후 특정 은행 출신들이 정기적으로 부부 동반 모임을 갖는가 하면, 인사 때 부인들 간의 청탁 로비가 끊이지 않자 은행 내에서 이른바 가족을 동원한 인맥 형성을 금지했다고 한다.

가족을 통한 인맥 형성이 잘못되면 상처도 크다. 본인만 입을 상처를 가족까지 입다 보니 금세 회복될 만한 인간관계의 틈도 영원히 돌이킬 수 없을 정도로 크게 벌어지기도 하는 것이다.

그렇지만 가족을 통해 인간관계가 더욱 공고해지는 경우가 많다는 것을 인정하지 않을 수 없다.

주변을 살펴보면 가족을 동원한 인맥 만들기가 우리 사회에 매우 활성화돼 있다. 특정 고등학교 아니면 대학 출신, 통폐합 회사의 경우 특정기업 출신, 각종 사교모임 등에서 부부 동반 모임은 인맥의 고리를 더 강하게 하는 요소가 되고 있다.

이제는 은퇴한 고위 공무원 출신의 전문경영인은 자신이 사귀어야 겠다고 생각하는 상대방과는 반드시 한 번 이상 부부 동반 모임을 가졌다. 부인들 간의 친밀감이 남편들에게 큰 영향을 미친다는 것을 잘 알기 때문이었다.

그가 사용하는 방법 가운데 하나가 생일 챙기기다. 아무런 통보 없이 낮에 생일을 맞은 지인의 집에 들러서, 당황하는 부인에게 "알고 보니 오늘이 김 선생님 생일이더군요. 급하게 오다 보니 이것밖에 못 챙겼습니다" 하면서 선물을 건네주고 황급히 간다는 것이다.

선물은 저녁식사 쿠폰이나 가족여행권 등 가족이 함께 즐길 수 있는 것들이다. 그러면 그 가족들은 선물을 받아 기쁘기도 하지만, 무엇보다 '대단한 사람'이 생일까지 챙겨주는 남편이나 아빠를 훌륭한 사람으로 여기게 된다.

이런 무형, 유형의 선물을 받은 지인들과 그 가족들은 결국 평생토록 그의 팬이 되고 후원자가 된다. 행여 지인들이 그를 떠나려 할 때도 그들의 가족들이 반대할 것이기 때문이다.

무엇이든 지나치면 모자람만 못하겠지만, 가족 구성원 간의 유대나 그들에 대한 배려도 인간관계를 다지는 유효한 방법이다. 다만, 앞서도 이야기했듯이 상승 작용이 큰 만큼 부작용도 배가 된다는 점은 새겨두어야 할 일이다.

많은 인맥이 최고의 재산이다?

나쁜 평판은 인맥을 독약으로 만든다

미국에서는 로비가 합법적이다. 자신의 인맥을 이용해 특정인이나 집단이 요구하는 일을 들어주고 그 대가를 받는 것이다. 워싱턴에만 3만여 명에 가까운 로비스트가 활동 중이라고 하니, 동서고금을 막론하고 아는 사람을 통하는 게 문제해결의 첩경이란 인식에는 큰 차이가 없는 듯하다.

한국에서도 로비는 있지만 로비를 통한 대가 수여는 불법이다. 하지만 거창하게 로비란 이름을 들먹이지 않아도 필요한 곳에 아는 사람이 있으면 일을 풀어가기가 몇 배는 쉬워진다.

그러나 아는 사람이 많은 만큼, 그에 비례해서 과제가 쉬워지는 것은 아니다.

어떤 사람은 자신이 영향력 있는 사람을 많이 안다고 자랑한다. 하지만 그 영향력 있는 사람들이 그를 어떤 모습으로 알고 있는가가 더 중요하다. 수많은 사람들이 '그'를 신뢰할 수 없는 사람으로 인식하고 있다면 '그'가 로비에 나서는 것 자체가 최악의 출발이 되는 것이다.

제법 큰 중견 건설업체를 운영하고 있는 김 사장은 모 시행사의 공사를 따내기 위해 노심초사하던 중, 자신의 대학선배 중에 그 시행사의 사장을 잘 안다는 사람을 불현듯 떠올렸다. 강 선배는 건설공무원 출신으로, 재임 당시 수많은 건설업체를 웃고 울린 실력자였다.

강 선배는 만날 때마다 자신이 담당했던 업체들이 이제 엄청난 대기업이 됐으며, 그 사장들이 예전에 얼마나 자신에게 '굽신' 거렸는지를 자랑스럽게 이야기하기를 좋아했던 게 기억이 났다.

조심스럽게 전화를 걸었더니 강 선배는 예상대로 그 시행사 사장을 잘 안다면서 "그 정도 일은 아무것도 아니다"라며 "나중에 술이나 한잔 진하게 사라"고 말했다. 노련한 김 사장은 혹시 일을 망치지 않을까 노심초사했지만, 그 선배가 하도 자신 있게 이야기했고 시공사 선정을 코앞에 두고 있는 터라 지푸라기라도 잡는 심정으로 부탁했다.

하지만 결과는 실패로 돌아갔다. 더 속이 상했던 것은 나중에 알고 보니 내부적으로 김 사장의 회사로 이미 시공사가 결정돼 있었는데, 그 선배가 전화를 한 뒤 그 시행사 사장이 바로 시공사를 바꾸라고 했다는 사실 때문이었다.

그 선배는 공무원 시절 '구악舊惡'으로 유명했고, 당시 그에 시달린

건설업자들은 이를 갈고 있었다. 그런 그가 부탁을 했으니, 결과는 자명한 것이었다.

사람을 많이 아는 것은 큰 힘이 될 수 있지만, 자신이 그 사람들에게 어떤 모습으로 각인돼 있느냐를 먼저 아는 것이 진정한 로비스트의 자세다.

인맥 활용에도 기술이 필요하다

영향력 있는 사람을 많이 알고 있을 때 그 사람들을 어떻게 활용하느냐도 무척 중요하다.

기자도 자주 로비의 대상이 된다. 좋은 기사를 더 좋게 써 달라는 주문이 있는가 하면, 안 좋은 기사를 빼 달라는 하소연도 자주 듣는다. 이럴 때 역지사지로 느끼는 것이 있다. 부탁을 할 때 이런 식으로 하면 안 되겠구나, 하는 것이다.

한 조사 결과를 보면 한국 사람은 3.6명만 거치면 다 아는 사이라고 한다. 이를 입증하듯 민감한 기사를 쓰면 수많은 데서 부탁과 회유가 들어온다. 어떤 때는 부탁을 하는 쪽에서 기자도 알고 그 기자의 선배도 알고 기자가 속해 있는 부서의 부장까지 아는 경우도 있다.

이럴 때 로비스트의 노련함이 요구된다. 모자란 로비스트는 자신의 인맥을 자랑하듯 담당 기자의 부장에게 전화하고 선배에게도 전화를 해서 부탁을 한다. 그리고 기자에게 연락해서는 "잘 부탁한다"며, 내가 당신 부장과 선배를 잘 안다면서 은근히 압력을 가한다.

이때부터 기자는 불쾌해지기 시작한다. 사정을 듣고 보니 참작할 면도 있다고 생각하고 있었는데, '누구누구'를 알고 있으니까 잘 처신하라는 식으로 은근히 협박을 받은 것이다. 곧이어 선배와 부장에게서 "그게 이렇다는데 당신 기사가 틀린 것 아니냐"는 전화를 받는다.

이쯤 되면 사정을 봐줄 필요가 없다. 적나라하게 기사를 쓸 뿐만 아니라 어느 정도의 악감정까지 실린다. 선배나 부장이 그 기사를 빼줄 수 있을 것으로 로비스트는 생각할지 모르지만, 어감은 달리할지라도 기사를 빼는 것은 조직의 생리상 불가능하다.

많은 사람을 안다는 것이 오히려 독이 된 경우이다. 그런데 수많은 사람들이 비슷한 실수를 저지른다. 이럴 경우 가장 좋은 방법은 담당 기자를 최대한 설득하는 것이다. 그리고 그것이 여의치 않을 경우 그 기자의 선배나 부장을 비밀리에 찾아가 사정을 설명해야 한다.

사회가 투명화되면서 담당자가 최고인 시대가 되고 있다. 아무리 높은 윗선이 있더라도 담당자가 절대 안 된다면 안 되는 시대가 된 것이다. 윗선을 통한 로비로 담당자를 찍어 누르려는 시도는 요즘 시대에는 최악의 선택이다.

그리고 인맥은 부단히 관리해야 인맥이지, 그렇지 않으면 한때 만났던 사람일 뿐이다. 필자가 아는 사람 중에 꼭 1년에 한두 번씩 연례행사처럼 전화를 하는 사람이 있다.

그가 내뱉는 첫마디는 항상 "기억하실지 모르겠는데……"이다. 몇 년을 똑같이 그랬더니, 필자에게는 누구보다도 기억되는 사람이 됐다. 그러더니 아주 곤란한 부탁을 한다. 일부러 작심하면 들어줄 수도 있겠지만, 곤란함을 무릅쓰면서 해주고 싶은 생각은 전혀 들지 않는다.

부탁은 두루뭉술해야
부담을 덜 준다?

부탁은 명확해야 부담도 상처도 작아진다

 살면서 남에게 아쉬운 소리 한번 하지 않고 살아갈 수 있을까? 아무리 지위가 높거나 돈이 많아도 타인에게 부탁할 수밖에 없는 순간이 있다. 아쉬운 소리를 해야 할 입장에 처하면, 미안하고 부끄러운 마음에 두루뭉술하게 부탁하는 경우가 있다. 상대에게 부담을 덜 주겠다는 생각에서다.

 "네, 대강 그렇게만 해주십시오. 그 정도만 해주시면 더할 나위가 없겠습니다."

 그러나 이는 자칫 자신에겐 서운함을, 부탁을 들어준 상대에겐 당혹감을 안겨줄 수 있는 위험이 있다. 부탁은 하는 사람도 부담스럽지만,

받는 사람도 부담스럽기는 마찬가지다. 이런 상황에서 두루뭉술하게 부탁을 받으면, 둘 중 하나의 상황에 처하게 된다.

하나는 부탁한 사람의 절박함이 대단하지 않은 것으로 여기고 최소한에서 부탁을 들어주는 것이다. 요구한 말 그대로 대강 들어주는 셈이다. 그러면 부탁한 사람 입장에선 뒤늦게 "어렵게 말을 꺼냈는데 잘 아는 처지에 이 정도밖에 신경을 안 써주나"라는 서운함을 느끼기 십상이다.

또 하나는 두루뭉술한 부탁이 부탁받은 사람에게 큰 부담으로 다가가는 것이다. '적당히'나 '대강'이란 게 정해진 선이 없다 보니 가볍게 생각해서 들어주면 상대가 서운해할 것 같고, 그렇다고 넘칠 만큼 해주기엔 능력이 벅차니 여간 걱정이 아니다.

따라서 이왕에 부탁하는 것이라면 내용을 명확히 하는 것이 좋다.

"10의 정도까지 해주시면 좋겠습니다. 만약에 어렵다면 7 정도도 괜찮겠습니다."

이렇게 명확하게 부탁의 정도를 밝히면 나중에 서운함도 덜하고, 부탁을 받는 사람 입장에서도 자신의 능력에 비추어 부탁을 들어줄 수 있는지 여부를 처음부터 알 수 있으니, 부담은 느낄지언정 불필요한 고민은 덜 수가 있다.

안 들어주더라도 뭉개진 말라

부탁을 들어주기 어렵다면 처음부터 명확히 이야기해야 한다. 체면 때문에, 또는 예전에 부탁을 했던 경험 때문에 도저히 들어줄 수 없는 부탁을 허락하면 결국은 양쪽에 모두 상처로 남는다.

부탁을 들어줄 요량이라면, 호들갑 떨지 말고 조용히 성의 있게 해줘야 한다. 부탁받은 사람의 초조한 마음을 감안해 진행 사항을 알려주는 것도 좋다. 그리고 일이 좋게 끝났더라도 절대 생색은 내지 말아야 한다. 그래야 인간관계에서 점수를 쌓을 수 있기 때문이다.

부탁을 받아놓고는 부담스러워 엉덩이에 깔고 뭉개는 일은 반드시 피해야 한다. 묵묵부답으로 일관하면 부탁한 사람은 이제나저제나 하고 소식을 기다리며 몇 번이나 확인 전화를 해볼까 생각하다가도 부담을 줄 것 같아 주저하는 상황이 계속된다.

그래서 한참이 지난 후 못 견디다 전화를 하면, 그때 부탁받은 사람에게서 "사실 해보려고 많이 노력했는데 잘 안 됩디다. 미안해서 연락을 못했습니다"라는 답변을 듣기도 한다.

미리 안 된다고 알려줬으면 다른 대응책이라도 강구했을 것이다. 부탁에 대해 이런 식으로 대응하는 것은 부탁한 사람을 더 곤란에 빠뜨리는 일이다. 안 될 부탁은 처음부터 거절하고, 될 것 같아서 부탁을 받았는데 일이 안 되는 쪽으로 흘러가면 가급적 빨리 그 사실을 알려주는 편이 좋다.

거절은 단호하게 하는 게 최선?

단호한 거절은 상대의 상처를 두 배로 키운다

수습 과정을 끝낸 지 얼마 안 된, 의욕과 정의감이 넘치는 후배 한 명이 그날 있었던 일을 자랑스럽게 이야기했다. 내용은 이랬다.

어느 날 출입하는 곳의 홍보과장이 전화를 해서 만났다고 한다. 그런데 전례 없이 한적한 레스토랑으로 나오라고 하더란다. 별 내용 없는 이야기를 나누고 일어서려는데, 갑자기 안주머니에서 두툼한 봉투를 꺼내더니 손에 쥐어주더란 것이다. 후배는 '이것이 촌지구나' 하는 생각이 드는 동시에 그 과장의 따귀를 때렸다고 했다. 그리곤 퍼뜩 떠오르는 말도 없이 "사람을 뭘로 보는 거야?"라는 말을 남기고 유유히, 그리고 뿌듯한 마음으로 레스토랑을 나왔다는 것이다.

한창 소명의식을 갖고 열심히 취재해보려는 젊은 기자에게 촌지는 큰 충격이었을 것이다. 그리고 자신을 촌지를 받을 만한 기자로 생각한 그 과장이 미웠을 것이다. 그래서 어떻게든 자신의 곧은 가치관을 알리고 싶었을 것이다. 하지만 따귀를 때리며 자리를 박차고 나온 그 후배가 청렴한 기자의 이미지를 남겼을까? 그럴지도 모르지만 더 많은 것을 잃었을 것이란 생각이 든다.

촌지를 주려다 따귀를 맞은 그 과장의 황당해하는 얼굴을 떠올려보자. 그의 입장에선 평소에 하던 대로 기자를 대하려 했을 것이다. 싫은 낯을 하며 거절하는 기자도 있었지만, 뺨을 맞을 것이라곤 상상도 못했을 것이다. 그러므로 그는 상대 기자가 기본적인 인격을 갖추지 못한 무례한 인간이라 생각할 것이다. 또, 이성보다는 즉흥적인 영웅 심리를 가진 저런 친구와는 상종을 하지 말아야지, 하고 다짐할 것이다. 그 후 회사로 들어가선 이런 내용을 직원들에게 모두 이야기할 것이다.

꼭 이런 형태가 아니더라도 거절은 항상 상대의 기분을 상하게 한다. 거절당하는 순간, 상대는 당황해하며 어떻게 수습해야 할 것인가를 고민할 것이다. 그런 상대를 진흙탕에 밀어버리면, 그는 자신의 잘못을 반성하기보다는 상대에 대한 미움으로 머리를 채울 수밖에 없다.

거절은 가능하면 점잖게, 좋은 얼굴로, 상대가 알아듣게 하는 것이 좋다. 가뜩이나 낙심하며 불편해할 상대에게 정색을 하며 "지금이 어떤 세상인데, 이 따위 부탁을 하느냐"며 호통 치는 것은 그 사람을 두 번 죽이는 일이다. 또 그 사람을 영원히 적으로 만드는 가장 확실한 방법이기도 하다.

여섯 번째 이야기 _ 성과

경쟁의 무대는 공정하다?

양쪽이 모두 인정하는 정당한 싸움은 없다

인생의 노정에서 경쟁을 피할 수 있는 무대는 없다. 직장이든 학교든, 심지어는 회식 장소에서도 사람들은 경쟁심을 느끼고 경쟁에 이기면 희열을 느낀다. 경쟁에서 승리한 사람들은 본능적으로 자신이 벌였던 경쟁이 매우 정당했다는 것을 강조하려고 한다. 그래야만 승리의 가치가 더 높아지기 때문이다.

하지만 상대편도 그렇게 생각할까? 영화에서처럼 패배에 승복하고 상대의 승리를 진심으로 기뻐하며 포옹할 수 있을까? 그런 경우가 없진 않겠지만, 대부분의 현실은 그렇지 않다.

패배자들은 주위를 의식해 겉으론 승자를 축하해줄지 모르지만, 마음속으론 경쟁이 불공정했으며 공정한 무대였다면 결과가 달라졌을 것이라고 생각하는 경우가 많다.

스포츠에서도 심판의 불공정함과 상대 선수의 반칙으로 패배했다며 결과에 이의를 제기하는 경우가 있지만, 사회생활은 그보다 훨씬 더 많은 불공정성과 불확실성 속에서 경쟁하는 무대일지 모른다.

복불복도 인정해야 할 현실

오래전 이야기지만, 경제부총리까지 역임했던 김만제 씨가 포항제철의 회장으로 재직하고 있을 때 그에게 질문을 했던 적이 있다.

당시에는 대기업에 각 부서의 업적에 따라 보너스를 달리 주는 성과배분제가 한창 도입되고 있었으므로, 김 회장에게 성과배분제와 관련해 모든 구성원이 승복할 수 있는 평가의 잣대가 있느냐고 물었다.

예를 들어, 수요가 폭증하는 중국 시장을 담당할 수출 담당 부서와 새로운 판로를 개척 중이지만 경제침체로 수요가 좀처럼 늘지 않는 러시아 시장을 담당하는 부서가 있다고 하자. 전자는 가만히 있어도 성과가 크게 오를 것이지만, 후자는 유능한 사람이 백방으로 애써도 성과가 부진할 것이므로 이를 어떻게 평가할 것이냐는 질문이었다.

김 회장의 대답은 간단명료했다. "복불복福不福이지, 뭐. 이 세상 어디에도 완벽하게 공평한 잣대는 없어요. 상황에 따라 생기는 어느 정도의 불공정성은 앞으로도 극복하기 어려운 영원한 과제가 될 겁니다."

그 이후 수많은 대기업들이 성과급제와 연봉제를 도입하는 과정을 보면서 김 회장의 이 발언은 두고두고 많은 생각을 하게 했다.

삼성전자의 반도체가 엄청난 수익을 낼 때, 반도체 부문에 있는 임직원들은 사상 유례없는 보너스에 환호성을 질렀지만, 이미 보급이 포화 상태에 있던 가전 부문의 임직원들은 아무리 유능해도 상황으로 인한 저조한 실적으로 쥐꼬리만 한 보너스에 만족해야 했다.

잘 받으면 공정한 평가, 못 받으면 부당한 평가

사람들은 평가가 공정하면 결과에 승복하겠다고 생각하지만, 세상은 경쟁도 평가도 그렇게 공정하지 않은 게 현실이다. 공정하게 평가하려 해도 그럴 수 있는 수단도 없다.

갖가지 객관적인 평가 방법이 여러 대기업의 인사 부서에 도입되고 있지만, 평가에 대한 불만은 연봉제나 능력급제가 자리를 잡아갈수록 더 심해지고 있다.

평가에 대한 반응은 한결같다. 십중팔구 잘 받으면 '당연'한 것이고 못 받으면 '부당'한 것이다. 잘 받은 사람은 웃음을 감추며 가만히 있고, 못 받은 사람은 도대체 기준이 뭐냐며 따지기도 하고 정정을 요구하기도 한다. 만약 평가자가 빠뜨린 객관적인 근거가 있다면 따지는 것이 좋다. 당장은 아닐지라도 나중에 보상받을 여지를 남겨둘 수 있기 때문이다.

그러나 확실히 따지긴 곤란하고 기분 나쁜 정도라면 따져도 소용이 없다. 평가의 토대 자체가 때로는 불공정에 바탕을 두고 있을뿐더러, 평가자도 상당 부분 주관에 의지하기 때문이다.

평가는 항상 객관성을 지향하지만, 상황에 따른 경우의 수가 너무 많아 항상 불안정하다. 그래서 '복불복'이란 형태로 상을 주거나 상처를 주기도 한다. 완벽한 평가, 공정한 경쟁무대에 대한 지나친 환상을 갖지 말자. 다만 '복'이 올 때, 즉 좋은 상황이 주어질 때 최대한 많은 과실을 따도록 노력할 필요가 있다.

계속되는 성공이 능력을
인정받게 한다?

열 번의 작은 실패보다 한 번의 큰 성공을 기억한다

기업회생 전문가로 이름을 날리고 있는 분을 만난 적이 있다.

그는 이야기 도중에 이런 말을 했다.

"세상 사람들의 눈은 어떻게 보면 참 허술해요. 좋을 때는 좋은 것만 부각시켜 보고, 나쁠 때는 나쁜 것만 골라서 보려고 해요."

나는 무슨 말인지 되물었다.

"내가 알고 보면 실패를 더 많이 했거든요. 그런데 실패했던 것은 모두 묻혀버리고, 운이 좋아 한두 번 성공한 것을 가지고 이렇게 띄우잖아요."

화려한 찬사를 받는 김정태 씨나 서두칠 씨, 아이아코카 회장 같은 경영의 귀재들, 한 시대의 문화를 좌지우지하는 김종학 PD나 봉준호, 스필버그 같은 영화감독들은 항상 기적같이 어려운 회사를 살렸고, 대박 영화나 드라마를 만들어왔을까?

자세히 살펴보면 전혀 아니란 걸 알게 된다. 수많은 실패 가운데 한두 번의 대성공이 그들을 영웅으로 만들고 세인의 기억 속에 지워지지 않는 흔적을 남기는 것이다.

기자란 직업도 이와 비슷하다. 열심히 취재하고 훌륭한 기사를 지속적으로 쓰는 것보다 단 한 번의 특종이 그 기자의 이름을 알리고, 역사에 파장을 남긴다. 그리고 나중에 은퇴해서도 예전에 훌륭한 기사를 많이 썼다고 평가받기보다는, 특종의 주인공이라고 불리기를 바란다.

운동 경기도 마찬가지다. 중요한 야구 경기의 9회 말 마지막 타석에서 만루 홈런으로 역전승을 이끌어낸 선수는 영원히 기억된다. 그 선수가 오랫동안 부진했더라도 한 번의 홈런은 모든 부진을 잊게 한다.

증권사에서 수억 원대의 인센티브를 받는 애널리스트들도 그렇다. 뛰어난 애널리스트라 하더라도 전망이 제대로 맞는 경우는 십중팔구가 아니라 오히려 그 반대다. 한두 번의 성공이 대박을 터뜨리고 올해의 애널리스트라는 찬사를 안겨주는 것이다.

기회를 잡았을 때 대박에 도전하라

끝까지 잘할 수는 없다. 아무리 능력이 뛰어난 사람도 최악의 환경에선 제 능력을 발휘하기 힘들고, 적성에 맞지 않는 분야에서 좋은 결과를 기대하기도 힘들다.

하지만 기회를 잘 포착해야 한다. 자신의 특성에 맞는 분야나 사업을 맡았을 때, 기회를 놓치지 말고 홈런을 쳐야 한다. 그 한 번의 홈런으로 세인의 주목을 받고, 또 다른 도약의 기회를 맞을 수 있다. 나에게는 기회가 오지 않는다고 외부 환경을 탓해선 안 된다. 앤드루 카네기는 "좋은 기회는 누구에게나 오지만, 누구나 그것을 잡는 것은 아니다"라고 말했다.

몇 번의 실패가 있더라도 좌절의 무덤에 갇힐 게 아니라 자신에게 다가올 한 번의 좋은 기회를 기다리면 된다. 그러나 전제 조건이 있다. 현재의 상황에 최선을 다해야 한다는 것이다. 현재에 성실하지 않은 이에게 기회가 올 가능성은 희박하다. 분투하는 이에게 기회는 그만큼 자주 찾아오며, 기회가 자주 오면 홈런을 칠 가능성도 높아지는 것이다.

또한 그래야만 '소 뒷걸음치다 성공했다'는 비난도 피할 수 있다. 성실한 사람이 어느 순간 큰 실적을 올리면 '역시 해낼 줄 알았다'는 찬사를 듣지만, 불성실한 이가 그럴 경우 '참 운이 좋다'는 비아냥을 듣게 마련이다.

논공행상은 공평해야 한다?

공功이 공평하게 평가된 역사는 없다

아이러니컬하게도 큰 실적 뒤에는 그만큼 큰 갈등이 도사리고 있다. 세상을 뒤흔들며 국민들의 마음을 멍들게 했던 황우석 사태도 알고 보면 그런 갈등이 촉발제가 됐다. 온 세계가 우러러보는 성과를 놓고 논공행상에 불만을 품었던 연구원들 간의 질시가 음모와 배반을 낳은 것이다.

한창 인기를 끄는 와중에 갑자기 해체를 선언하는 인기 그룹들도 그런 경우이다. 연예기획사의 작전일 수도 있겠지만, 속내를 뜯어보면 구성원들 사이에서 누가 성공에 더 기여했느냐에 대한 다툼이 벌어지는 경우가 많다. 외국의 경우도 마찬가지다. 대표적인 사례가 사이먼과 가펑클이다. 황금콤비로 주옥같은 명곡을 많이 남겼지만, 절정의 순간에 결별을 선언했다.

이들의 해체와 관련된 평론가들의 이야기 중에 재미있는 것이 있다. 사이먼은 수많은 명곡을 작곡하면서 '사이먼과 가펑클'이란 이름을 세계 최고 가수의 대열에 올렸지만, 화려한 조명이 항상 세기의 미성을 가진 가펑클에게만 집중되는 걸 느끼면서 마음속에 앙금이 생겼다는 것이다.

반대로 가펑클도 나름대로 열등감에 사로잡혀 있었다. 모든 작곡과 작사를 도맡아하는 사이먼에 비해 자신은 껍데기뿐인 존재로 인식되었고, 함께 일하고 성공을 거두는 것이 불편해지기 시작한 것이다.

결국 큰 성공을 놓고, 한쪽은 자신이 성공의 기여도가 더 큰데도 주목은 덜 받고 있다는 박탈감을, 다른 한쪽은 자신이 그 성공에 큰 역할을 하지 못하고 있다는 열등감을 느꼈고 그것이 세계 최고의 그룹을 해체시킨 것이다.

그래도 둘 다 영웅이었던 사이먼과 가펑클은 나은 편이다. 대개는 단 한 명만의 영웅이 탄생한다. 황우석 사단에서는 황우석 교수만이 영웅이었고, 인류 최초의 달 탐사에서는 죽음을 무릅쓰고 함께 달에 착륙했던 암스트롱과 올드린 가운데 몇 초 먼저 발을 디뎠다는 이유로 암스트롱만이 희대의 영웅이 되고 올드린은 암스트롱의 그늘에 묻혀 사람들의 기억에서 사라져갔다.

세상인심은 한 명의 영웅만을 바란다

사회생활을 하다 보면, 협력해서 이룬 연구 성과나 업적인데도 유독 주목은 다른 동료가, 선배가, 아니면 팀장만이 홀로 받는 경우가 많다. 특히 성과에 가장 많은 기여를 했다고 생각하는 사람들에겐 이런 현실이 여간 서운한 게 아니다. '재주는 곰이 부리고 돈은 되놈이 번다'고, 함께 죽도록 고생해서 얻은 실적에 대해 공치사는 혼자서 독차지한다는 억울한 생각이 드는 것이다.

드라마도 마찬가지다. 공전의 시청률을 기록한 드라마에 쏟아지는 온갖 찬사는 수많은 스태프나 연기자들을 제쳐놓고 PD 한 사람이나 주인공에게만 집중된다. AD, 카메라, 조명, 섭외, 작가 등 고생을 같이한 이들은 양지에서 저만치 물러나 있다.

하지만 이것이 세상인심이자 현실이다. 사람들은 '모두가 영웅인 상태'를 바라지 않는다. 단 한 사람만의 영웅을 바라는 게 세상인심이다. 운동 경기에서는 열 개의 은메달로도 금메달 한 개를 얻을 수가 없다. 1등만이 주목받고 간발의 차이로 2등을 한 선수는 시선에서 멀어진다. 그러다 보니 영웅에 못지않은 수많은 후보 영웅들은 상처받은 몸으로 무대 뒤에 조용히 숨어 있기를 강요받는다.

그런 후보 가운데 '그럴 수도 있지' 하면서 마음 편하게 숨어 있는 사람은 별로 없다. 무대 뒤에서도 '내가 아니었으면 이런 성공이 없었을 것이다' 라는 서운함과 배신감을 안고 있는 것이다.

공동의 목표는 사람들이 단결하게 한다. 하지만 그 목표가 이뤄지면 논공행상에 대한 불만이 큰 갈등을 만들고, 또 그 갈등이 팀을 해체시키며, 더 나아가 이전투구를 벌이게 만든다. 성공의 빛이 흐려지면 찬사를 던지던 세상인심도 순식간에 돌변한다. 세상은 영웅이 탄생하기를 간절히 바라지만, 영웅이 무너지기 시작하면 쉽게 돌아서서 난도질한다.

세상은 '대표 영웅'을 바란다. 모두 훌륭하지만 누군가는 세상의 찬사를 대표로 받아야 하는 것이다. 함께 이룬 결과물로 다른 누군가가 대표로 찬사를 받는 것에 조금은 편한 마음으로 다가서는 수양이 필요해 보인다.

동료의 성공을 진심으로 축하한다?

상대의 성공은 운, 나의 성공은 능력 때문

언론에서 화려한 두각을 나타내는 이가 알고 보니 중고등학교 동문일 때 사람들은 대개 "걔가 그렇게 성공할 줄 몰랐다"고 반응한다. 동시에 "그 참 오래 살고 볼 일이네"라며 덧붙인다. 이런 반응에는 그 사람을 잘 알건 모르건 상대의 성공을 본능적으로 평가절하하려는 심리가 깔려 있다.

상대방이 혼신의 힘을 다해 만든 성과에 대해서도 그와 비슷한 반응을 보이는 것이 일반적이다. 운이 좋아서 그렇다느니, 주위에 누가 도와줘서 그렇다고 말하기도 한다. 사람들은 남이 이룬 성과의 이면에 있는 땀과 눈물을 평가하는 데 매우 인색하다.

큰 성공은 능력만 갖고 되는 게 아니라는 건 경험적 진리다. 어느 정도 운이 따라야 하는 것이다. 운칠기삼運七技三이란 말도 그래서 나온 것이다. 그러나 대부분의 사람들은 큰일을 이루면 자신의 능력을 강조한다. 뛰어난 능력과 의지로 일을 해냈으며, 거기에 운이 개입될 여지가 별로 없었다는 것이다.

반면, 남이 이룬 성과에 대해서는 운을 강조한다. 능력보다는 운이 좋아 그렇게 됐다고 평가하며, 성공을 위해 쏟은 상대방의 노력은 애써 봐주지 않으려 하는 것이다. 왜냐하면 상대가 운이 좋아서 성공했다고 해야 나의 무능함과 책임을 가릴 수 있기 때문이다.

치열한 경쟁사회에서 동료의 성과는 상대적으로 나의 성취도에 악영향을 미친다. 연말에 받는 보너스의 크기도 달라질 수 있다. 그래서 마음이 편치 않은 것이 솔직한 심정이다.

그러니까 많은 사람들은 큰 성과를 이룬 사람들에게 "상복이 있으시네요" "어쩌면 그렇게 운이 좋으세요?"라고 말하는 것이다. 그것이 상대의 마음에 상처가 될 거란 사실을 알면서도 무심코 넘어가려 애쓴다.

필자가 일하는 언론사에서도 사정은 비슷하다. 기자들에겐 특종기자란 칭호를 얻는 일이 무척 영광스러운 일이다. "예전에 아주 유능한 기자였다"는 백 마디의 설명보다 "저 기자가 바로 그 사안을 보도했던 특종기자다"란 말이 훨씬 더 높은 가치를 지닌다.

하지만 기자 사회 내에서도 동료 기자의 특종을 바라보는 시각은 대개 운이 좋아서 그랬다는 식으로 치부하는 경우가 많다. 특종기사가 비록 운칠기삼이었다 할지라도, 힘을 쏟은 30%의 노력마저도 좀처럼 인정하지 않으려는 게 많은 기자들이 가진 인간적인 속성이다.

나보다 못했던 사람이 더 잘 된 것을 부조리로 생각

지금은 제법 성공한 고향 선배가 있다. 하지만 중고등학교 때 그의 모습은 망나니였고, 싸움꾼에 불과했다. 그러다 보니 소년원에도 몇 번 들락날락했다. 20대 후반부터 신앙을 가지면서 철이 들어 뒤늦게 열심히 공부했고, 지금은 남들이 부러워하는 사업체를 경영하며 많은 자선사업을 펼쳐 존경받고 있다.

그런데 그 선배는 중고등학교 동창회만 나가면 만신창이가 된다. 친구들은 존경받는 사업가가 된 지금의 모습을 외면하고, 과거의 거울 속에서 그를 찾는다는 것이다. 과거의 그 선배는 싸움꾼, 망나니, 소년원 출신 전과자였다. 선배는 이제 만성이 돼, 친구들이 술에 취해 자신을 함부로 취급해도 담담하다고 말했다. 그 친구들의 심정은 한마디로 말해 나보다 훨씬 못했던 놈이 잘된 것이 기분 나쁜 것이다.

미국 연수 중에 느낀 교포들의 의식에도 비슷한 것이 있다. 필자는 미국에 있을 동안, 비교적 오래전에 미국에 이민 온 교포들 가운데 상당수가, 조국에 대해 매우 적대적인 의식을 가진 것에 적잖이 놀란 적이 있다.

그들의 한국에 대한 인식은 정치, 경제, 사회, 문화 전반에 걸쳐 부조리하다는 것이었다. 투명성이 많이 높아졌다고 자료를 들어 설명해도 그럴 리 없다면서 막무가내로 "미국에 있으면 다 보인다"고 우기기만 했다.

인터넷을 통해 국내 사정을 속속들이 알고 있으면서도 그것을 해석하는 방법은 뒤틀려 있었고, 있는 그대로 봐도 될 것을 뒤틀어서 부정적으로 해석했다.

나중에야 그 이유를 알았다. 미국에서 나름대로 성공한 친구가 그 답을 말해주었던 것이다. 일찌감치 미국에 들어온 교포들은 오래 전에는 자타가 공인하는 '선민'이었다. 일등국가에 사는 특별한 한국인이었고, 가끔씩 여전히 못사는 한국에 들어가면 '영웅' 대접을 받았다. 어여쁜 처자들이 교포 총각과 결혼하겠다고 줄을 섰고, 고시 합격생을 사칭하듯 교포를 사칭한 사기행각도 끊이지 않았다.

그런데 어느 순간 한국이 크게 발전했다. 한국 친구의 집값이 올랐다는데, 일고 보니 미국 돈으로 수백만 달러가 넘는다는 것이다. 미국에 사는 사람들은 꿈도 꾸기 어려운 금액이다. 게다가 그렇게 오기 힘들었던 미국을 이제는 한국 사람들이 제 집 드나들듯이 하고 돈도 물 쓰듯이 쓰는 것이다.

미국에 와서 그렇게 고생해서 기반을 닦고, 수십만 달러짜리 집도 장만했는데, 이제는 한국에 돌아가려면 금의환향은커녕 집을 팔아도 서울에 같은 크기의 전셋집도 못 구한다는 것이다.

간단히 말해, 못난이 한국 친구들이 어느 순간 나보다 더 잘 돼 있는 것이다. 그런 상황을 애써 인정하지 않으려 하다 보니 상황을 왜곡하는 것이다.

사람들은 자신의 성공에 대해서는 전화위복, 새옹지마라고 생각하지만, 남에게는 그렇게 인정하기 싫어한다. 과거에 나보다 못했던 사람은 지금도 그래야 하는데, 더 잘돼 있다면 그럴 리가 없고 뭔가 부조리하다고 해석한다.

자신이 아닌 다른 이의 성공을 배 아파하지 않고 기뻐해줄 수 있는 사람은 부모밖에 없다. 형제간에도 시기와 질투가 있기 때문이다. 따라서 내가 이룬 성과를 다른 사람들도 내 마음 같이 인정해줄 것이라고 생각하다 보면 상처만 입는다. '평가절하'에 둔감해지는 편이 사는 데 편하다.

반대로, 이렇게 상대의 성공을 인정하는 데 인색한 세상에서 적으나마 찬사를 보낼 수 있는 사람은 마음이 크게 열려 있는 사람이다. 그들은 성공하는 사람의 마음을 얻고 그와 함께 상생하는 관계로 발전할 수 있을 것이다.

인재는 스스로 빛을 발한다?

빈 수레가 요란하다

뛰어난 능력을 가진 사람이 꼭 세상에 부각되는 것은 아니다. 경험적으로 보면 그렇지 않은 경우가 더 많다. 오히려 적당한 재주와 함께 뛰어난 정치력을 가진 사람이 세간에 영웅으로 알려지는 경우가 많다. 정치력은 적당한 포장과 활발한 교류를 통해 한 사람의 가치를 실제보다 부풀리기 때문이다.

그러다 보니 연구보다는 사교나 언론 플레이를 잘하는 학자나 전문가가 더 부각되고, 기술력보다는 인맥이 넓은 기술자가 주요한 직책에 선택된다. 잘 아는 사람들은 "저 친구는 뛰어난 친구가 아닌데 왜 저렇게 부각되는지 모르겠어" "쟤가 인터뷰하는 걸 보니 저 제품은 영 아닐 거야'라는 등 질시와 안타까움을 한꺼번에 표시한다.

정말 바람직한 것은 뛰어난 전문가가 그 분야의 특정한 사안과 제품에 대해 품평하는 것이다. 그것은 수많은 사람들에게 유익한 정보로 작용할 것이다. 반대로 정치력을 갖춘 어중간한 전문가들이 정보를 준다면 대중들에게 혼란을 줄 수 있다.

수만 톤의 잡석을 걸러내야 찾게 되는 보석처럼, 좋은 인재를 발굴하는 데도 많은 품이 든다. 그리고 그 보석은 처음부터 스스로 찬란한 빛을 발하기보다는 자신을 알아보는 안목이 있는 사람이 다듬어줄 기회를 기다리고 있다.

인재 발굴은 공동의 성공을 기약한다

기자생활을 하면서 만난 수많은 사람 가운데 오래도록 기억에 남고 고마운 분 가운데 한 사람이 자동차 명장인 박병일 씨다. 명장은 국내에서 기능인의 최고 단계에 부여되는 칭호다. 몇 안 되는 명장 가운데 자동차 명장 1호로 뽑힌 사람이 바로 박 명장이다.

나중에 알게 된 이야기지만, 박 명장은 가정 형편 때문에 공고를 가야 했고 고등학교를 졸업하자마자 가난한 집의 가장 노릇을 해야 했다. 그는 자동차 정비를 선택한 뒤, 국내 기술로는 갈증이 해소되지 않자 미국과 일본에서 정비 관련서적을 들여와 탐독했다고 했다.

그런데 영어 실력이 짧아 서울 여의도의 한 번역소에 번역을 부탁했는데, 지금까지 들어간 번역료만 무려 2억 원가량이라고 했다. 정비공장을 하면서 2억 원을 벌기도 쉽지 않을 법한데, 번역료에만 그렇게 많은 돈을 들인 것이다.

　박 명장과는 '뉴스 추적'이란 프로그램에서 한국의 자동차 문제를 집중적으로 다루면서 처음 만났다. 기술적인 부분을 다루는 것인 데다 제조업체의 반발도 만만치 않아 그것을 아우를 수 있는 뛰어난 전문가를 찾던 중에 박병일 명장을 소개받았다.

　기술적인 소재로 시사 보도 프로그램을 다룰 때는 제조업체로부터 소송을 받는 등 위협이 크기 때문에 어지간한 전문성과 자신감이 없이는 덤벼들기가 힘들다. 하지만 그는 상당한 자신감을 갖고 있었고 또 그 자신감으로 주변 사람들을 안심시킬 수 있는 능력도 있었다.

　'집중분석 - 한국 자동차'란 프로그램의 한 단락에서만 기술자문을 받기로 했지만, 나방면에 걸친 깊이 있는 지식을 보니 그와 함께 다른 프로그램을 해보고 싶은 욕심이 들었다. 그때 박 명장이 세계에서 그 누구도 밝혀내지 못했던 자동차 급발진 문제를 다뤄보자고 제의했다.

　한 달 남짓한 기간 동안에 그렇게 어려운 과제에 도전하는 것이 엄두가 나지 않았고 수많은 선진국에서도 미스터리로 남겨둔 문제에 겁 없이 뛰어든다는 게 선뜻 내키지 않았지만, 이 사람이면 해낼 수 있을 것 같다는 느낌이 들었다.

　제작에 착수하고 각종 실험에 뛰어들면서 수많은 조력자도 만났지만, 혹시 제대로 실험이 안 되면 어떡하나 하는 불안감이 떠나지 않았다. 나중에 알고 보니 먼저 말을 꺼낸 박 명장은 더했다고 한다. 필자는 이부자리에 누워 밤잠을 설쳤지만, 박 명장은 공장에서 며칠 밤을 꼬박 새며 실험에 실험을 거듭한 것이다.

그리고 제조업체가 급발진이 일어날 수 없다는 논리로 내세운 모든 이론들을 뒤집는 데 성공했으며, 소비자보호원 관계자가 참석한 가운데 성공적으로 실험을 마치고 그 내용을 방송했다. 그때 그 방송은 큰 파장을 일으키며 당시 걸려 있는 수많은 급발진 사고 재판에서 가장 중요한 자료로 채택되기도 했다.

그 방송은 훌륭한 내용을 인정받아 한국기자협회가 수여하는 '이 달의 기자상'을 수상했을 뿐 아니라, 필자가 맡았던 시사 프로그램의 격을 높이는 데도 기여했다. 또, 소비자보호원 관계자로부터 국내 시장에서 소비자 보호를 위한 노력 가운데 가장 큰 역할을 했다는 비공식적인 찬사를 받기도 했다. 게다가 제조업체들이 급발진 방지 장치를 서둘러 장착하도록 함으로써 사고 발생 비율을 크게 낮추는 데 기여했다.

그러는 동안 박 명장은 방송을 통해 자신의 기술력을 알리면서 일약 한국 최고의 기술자로 이름을 얻게 됐고, 각종 자문위원에 이어 우리나라 최초의 자동차 명장에 이름을 올렸다. 또, 자동차 전문가로는 최초로 산업훈장을 받기도 했다.

기자가 좋은 취재원을, PD가 대스타가 될 수 있는 끼 있는 재목을, 사장이 뛰어난 능력을 가진 부하직원을, 보통 사람이 자신을 진심으로 생각해주는 친구를 찾아낼 수 있는 안목을 갖고 있다면 인생이 훨씬 윤택해질 것이다. 인재들이 자신의 꿈을 이룰 수 있도록 도와줄 때, 그 인재를 선택한 이도 함께 목적을 이룰 수 있다.

편안한 조직이
안정적이고 효율이 높다?

편안한 조직은 나태함을 부른다

직장인들이 가장 바라는 것이 갈등 없는 직장생활일 것이다. 다양하게 나오는 설문조사를 봐도 가장 큰 고민거리가 직장 내에서의 갈등이다. 상사, 동기, 후배, 회사 방침과의 갈등 구조가 일보다 훨씬 더 큰 긴장과 스트레스를 유발한다.

내 집처럼 편안한 직장은 드물지만, 직장인들은 그런 직장을 원한다. 부담 없이 사무실에 들어갈 수 있고, 정다운 얼굴들이 있고, 조금 실수해도 넘어가고, 회식이 기다려지는 그런 직장 말이다.

하지만 편안한 조직은 그 조직도, 구성원도 발전이 없다. 나태해지기 때문이다. 수많은 기업들을 보다 보면, 예외 없는 특징이 몇 개 발견된다. 잘나가는 기업일수록 적당한 긴장감이 감돌고 있고, 끝이 좋지 않을 것 같은 기업에는 나태함이 팽배해 있다.

지금은 구조조정이다 기업평가다 해서 많이 변했지만, 나태함은 과거 공기업들의 특징이었다. 방만한 경영과 구성원들의 나태함으로 인해 '신의 직장'이라는 주변의 빈정거림과 함께 만성 적자 때문에 벼랑 끝에 몰렸다.

적당한 긴장과 그에 따른 스트레스는 일의 성과를 높인다. 국내 굴지의 대기업을 봐도 그렇다. 둘 다 한국의 대표기업이지만, 삼성과 LG를 보면 긴장도의 차이가 발견된다.

우연히 같은 해에 삼성과 LG의 금융사에 친척 두 명이 입사했다. 6개월씩의 연수 기간을 끝내고 함께 만났는데, 연수 과정을 서로 비교해보니, 삼성 쪽이 훨씬 빡빡하고 긴장도가 높았던 것으로 보였다.

실제로 LG에서 포스코를 거쳐 삼성으로 전직한 사람들의 말을 빌면, 일상적인 업무에서도 삼성의 업무 긴장도가 훨씬 높았고 그에 따른 스트레스도 많았다고 말했다. 그중에 한 사람은 이렇게 표현했다.

"LG와 포스코가 묵직하게 사람을 누르는 스트레스를 준다면, 삼성에는 매시간 송곳으로 찌르는 것 같은 긴장과 스트레스가 항상 깔려 있었다."

잘나가는 기업에서도 긴장도의 차이가 개인의 차이를 만들고, 개인의 역량 차이가 조직의 역량 차이로 이어져, 세간에서 흔히 평가하는 1등 기업과 2등 기업을 나누는 요인이 되는 게 아닐까 하는 생각이 들었다.

지나친 긴장은 무사안일과 무리수를 낳는다

무엇이든 지나치면 모자람만 못하다는 것은 긴장감에도 적용된다. 하루하루 언제 퇴출될지 모른다는 극단적인 긴장감 속에서 심장병이나 암에 걸리지 않고 견딜 수 있는 구성원이 얼마나 될까?

어느 정도의 긴장이 조직의 효율을 높이는지에 대한 절대적 평가의 기준이 없으니, 결과로 판단할 수밖에 없지 않을까 싶기도 하다.

어쨌든 지나친 긴장이 유발하는 폐해도 많다. 모 유통기업에서 철저히 연봉제를 도입하면서 입사동기 간에도 3분의 1 이상 연봉에 차이가 나게 하고, 성과가 부진할 경우 지방 발령 등의 불이익을 주기로 하자 재미있는 현상이 나타났다.

회사는 치열한 경쟁으로 매출과 생산성이 크게 높아질 것으로 판단했는데, 예상치 않은 두 가지 부작용이 생기는 걸 발견했다.

먼저 과당경쟁이다. 사원들이 단기적 성과에 총력전을 펴면서 충분한 사전검토 없이 부실한 거래처를 마구 끌어들여, 회사 재정에 손실이 생기는 경우가 허다했다.

둘째, 무사안일주의. 과당경쟁과는 반대로 아예 새로운 아이템을 제안하거나 개척하지 않고 현상유지에만 급급한 것이다. 새로 뛰어들다가 잘못되면 큰 불이익이 예상되기 때문이다.

조직에서 긴장감은 양념과 같다. 주부들이 맛을 내기 위해 쓰면서도 항상 경계하는 합성조미료처럼, 긴장감은 조직에서는 없어서도 안 되고, 그렇다고 많아서도 안 되는 두 얼굴을 가진 필수 요소이다.

검증되지 않은 일이나 사람은
쓰지 않는 게 안전하다?

'새가슴' 리더는 인재 발굴을 꺼린다

CEO를 비롯한 윗사람의 가장 좋은 덕목 가운데 하나는 좋은 인재를 발굴해 중요한 일을 맡기는 것이다. 탁월한 경영자들을 살펴보면, 그들 주변에 탁월한 참모가 있음을 알 수 있다.

탁월한 참모들은 탁월한 안목에 의해 선택된 사람들이다. 삼성전자가 잘나가는 것은 누가 뭐래도 이건희 회장에게 사람 보는 안목이 있다는 증거이며, 김정태 행장이 스타가 된 것은 자신의 미숙한 분야를 잘 보필해줄 수 있는 유능한 참모들을 뽑았기 때문이다.

대박은 새로운 일에서 나온다. 가장 유능한 경영자는 새로운 영역을 개발하고 그것이 과잉경쟁을 부를 즈음에 빠져나온 뒤, 다시 돈이 되는 새 영역을 찾는 사람들이다. 이런 일에는 위험부담이 따르기에 인재를 발굴하고 일을 맡기는 데는 상당한 용기가 필요하다.

그러므로 리더에게는 새 인재를 발굴할 수 있는 통찰력과 그에게 새 일을 맡길 수 있는 용기가 필요하다. 아쉽게도 이런 사람들은 많지가 않다. 당장 주변을 살펴봐도 책임자의 위치에 있는 간부나 임원들 가운데, 새로운 사람의 잠재된 능력을 잘 발굴해서 그 사람을 키우는 사람은 찾기 힘들다.

대개 검증된 사람만 찾는다. 필자가 일하는 방송 쪽에서도 마찬가지다. 여러 방송국들의 인력운용을 살펴보면 이를 절실히 느낀다. '끼'를 가진 신인을 발굴하고 그를 과감하게 기용하는 능력과 용기를 가진 윗사람은 찾기가 힘들다. 같이 일해본 경험이 있거나 적어도 남이 검증해준 사람들만 기용한다. 그것이 자신에게 안전하기 때문이다.

어떤 조직이든지, 이런 '새가슴'이 중증 상태인 윗사람들이 있다. 이런 사람들에게 인생과 조직생활은 위험한 줄타기다. 언제 떨어질지 모르는 위험천만한 줄타기에서 가까스로 살아남았기 때문에 모든 것이 조심스러울 수밖에 없다. 동시에 그들은 능력에 비해 지금까지 잘 버텨왔다고 스스로 생각한다. 또, 자신감이 부족하기 때문에 인맥에 집착한다. 자신이 써보지 않았던 사람은 자기 사람이 아니라고 생각하며 그들을 경계의 대상으로 삼는다.

탁월한 금융맨이 한 사람 있었다. 신상품 개발에서 항상 탁월한 능력으로 시장을 선점하던 그였지만, 금융사의 합종연횡 과정에서 자신이 몸담고 있는 회사가 인수되는 아픔을 겪었다. 하지만 꿋꿋하게 맡은 일을 해나갔다. 어느 순간 사장이 불렀다. 그 사장은 몇 군데의 금융사를 겪으면서 능력보다는 줄타기로 목숨을 이어왔다는 평가를 받은 사람이었다.

"그 일 자신 있나? 아니면 지금이라도 다른 부문을 맡아보는 게 어때?" 잊을 만하면 사장에게 불려가서 똑같은 말을 들어야 했다. 도대체 사장의 속내가 무엇인지 고민하다가 고등학교 선배였던 임원에게 사장의 의중을 간접적으로 물어봤다. 그 임원은 이렇게 말했다.

"사장이 새가슴이거든. 혹시 실패하면 자신도 위태롭다는 거야. 게다가 옛날에 데리고 있는 부장이 그 일을 잘 해냈는데, 그 친구를 데려와서 팀을 맡기고 싶다는군."

그 말을 들은 다음날 그 금융맨은 당장 사표를 냈고, 얼마 뒤 경쟁사로 스카우트돼 옮겨갔다. 그리고 자신의 능력을 보고 믿어주는 CEO 밑에서 대박상품을 만들어내며 전 직장을 위태롭게 만들었다.

위험부담 없는 발전과 생존은 없다

자신이 검증해보지 않은 사람은 겁이 나서 못 쓰는 리더는 스스로 사람을 보는 직관력이 부족하다는 사실을 인정하는 셈이다.

그런 사람은 자신이 만들고 한정 지은 인맥의 울타리 안에서 양을 치며 살아간다. 그 울타리 안에서는 안심이 되고 자유롭다. 그런데 근본도 모르고 어떤 양털을 만들지도 모르는 새 양이 울타리에 들어서려 하면 불안하기 그지없다.

새 양이 멋진 캐시미어를 생산할지도 모르지만, 그렇지 않을 위험부담을 감수하기보다는 있는 양을 잘 지키는 편이 맘이 편한 것이다. 이런 양치기가 있는 목장은 큰 희망이 없다. 어느 정도 현상을 유지하다가, 이웃에 좋은 품종을 개발한 목장이 들어서면 문을 닫아야 한다.

일곱 번째 이야기 _ 매너

겸손은 때로 경멸을 부른다?

모자란 이는 겸손한 사람을 경멸한다

언제 봐도 겸손한 사람이 있다. 그 사람이 과장일 때 참 겸손한 사람이라 생각했는데, 부장이 되었을 때 만나니 여전히 겸손했다. 회사에서 어려움을 당해 좌천됐다고 들었는데 어느 날 다시 복직했다고 해서 만났더니 역시 겸손했다. 이사로 진급했다고 해서 변했는가 싶었는데 상무, 전무를 거치면서도 겸손했다. 그리고 마침내 굴지의 대기업 사장 자리에 올랐는데도 겸손함을 잃지 않았다.

그가 포스코의 윤석만 사장이다. 필자와는 홍보 담당자와 출입기자로 처음 만났던 윤 사장은 항상 겸손함 속에 온화한 미소를 지녔던 사람으로 기억된다. 그러기가 쉽지 않을 텐데도 그는 지위가 바뀌고 부서가 바뀌어도 항상 표정과 행동이 바뀌지 않았다.

그를 생각하면 15년이 지난 지금도 잊히지 않는 장면이 있다. 출입기자들의 연말 송년회 때 당시 부장 직책을 맡았던 그는 여의도의 모 식당에서 부부 동반으로 모임을 가졌다. 미식가였던 그는 그 집에서 잘한다는 음식을 골라 주문하면서 기자들 부부에게 세심한 배려와 겸손을 잃지 않았다.

그런데 당시 모 신문사 기자 중에 무례한 친구가 한 명 있었다. 기자들의 말투란 게 원래 공손하지 않은 면이 있다손 치더라도, 그 자리는 부부 동반으로 모인 자리였으므로 상대방을 배려해야 했다. 그런데 그 기자는 "어이, 윤 부장. 음식이 이게 뭐야? 식당을 제대로 못 잡은 것 같아"라고 시작하더니, 모임 내내 반말 투로 빈정거렸다.

딴에는 와이프에게 내가 이런 사람이라고 과시하려는 치기로 보였지만, 눈에 아주 거슬렸다. 하지만 윤 부장은 낯빛 하나 붉히지 않고 하나하나 대답하면서 나이 어린 기자에게 민망할 정도로 겸손하게 대했다.

아무리 대접하는 입장이라지만 한마디 쏘아붙일 법도 한데 시종일관 변하지 않는 윤 부장의 모습을 보면서, 과한 겸손도 비굴하지 않고 오히려 품위와 인격을 돋보이게 할 수 있구나, 하고 느꼈다. 반면 무례한 동료기자에게는 오히려 측은함을 느꼈다. 나중에 참석했던 친구들에게 물어보니 모두 필자와 비슷한 느낌을 가졌다고 말했다.

겸손한 사람이 땅을 차지한다

자연스럽고 품위 있는 겸손함은 사회생활에서 큰 무기라는 생각이 든다. 자신을 낮추는 것인데도 그를 낮춰볼 수가 없다. 그런 겸손은 확고한 가치관과 자신감과 프로 근성에 바탕을 두고 있기 때문이다. 그것은 열등감이나 비굴함과는 전혀 다른 것이다.

진정으로 겸손한 사람은 그 부드러움만큼이나 강한 사람들이다. 성경의 시편에 보면 '겸손한 사람들이 오히려 땅을 차지할 것이며 그들이 크게 기뻐하면서 평화를 누릴 것이다' 라는 구절이 있다. 결국 겸손은 그 주인공에게 마음엔 평화를, 세속적으론 성공을 가져다주는 열쇠인 셈이다.

싸움에서는 룰을 따질 필요가 없다?

싸움과 경쟁은 '프로'다워야 한다

　유명한 곰탕집이 두 군데 있었다. 국도변의 좋은 위치에 그렇게 멀지 않은 거리를 두고 장사를 해왔는데, 어느 순간 남쪽 곰탕집이 북쪽 집에 조금씩 밀리기 시작했다. 경쟁에서 뒤졌다고 생각한 남쪽 주인은 화가 났다. 맛도 별 차이가 없는데, 북쪽 집보다 손님이 적다고 생각하니 견딜 수가 없었다.

　남쪽 곰탕집 주인은 묘수를 생각했다. 그리고 자기 집에 들르는 손님들마다 소문을 냈다. 북쪽 곰탕집은 국물에 커피 프림을 많이 넣고, 김치도 중국산 배추를 쓴다고 한 것이다. 그런데 소문을 낼 만큼 냈는데도 북쪽 집이 더 잘됐다. 남쪽 주인은 이번엔 북쪽 집 김칫독을 겨냥

했다. 김치를 묻어둔 뒤뜰에 밤에 몰래 들어가 독을 열고 소금을 뿌린 것이다.

이번에는 북쪽 집에도 비상이 걸렸다. 손님들이 김치가 짜다고 불평을 하기 시작한 것이다. 북쪽 집 주인은 주방장을 불러서 혼을 냈지만, 그래도 짠 김치는 싱거워지지 않았다. 어느 날 장독이 깨져 있는 걸 수상히 여긴 북쪽 집 주인은 CCTV를 설치했다. 그리고 충격적인 사실을 발견했다.

남쪽 주인은 싹싹 용서를 빈 덕분에 형사처벌은 면했지만, 그 소문은 단골들 간에 삽시간에 퍼져 결국 남쪽 집은 문을 닫았고 북쪽 집은 훨씬 성업했다.

이는 프로답게 경쟁하지 않은 결과다. 맛이 비슷하면, 인테리어라도, 아니면 더 친절하기라도 해야 경쟁에서 이기는 것이 프로의 법칙이다. 그런데 그걸 알면서도 많은 경우 프로답지 못하게 경쟁하는 게 현실이다.

경쟁에서 지고 있다는 불안과 분노가 프로의 법칙을 깨도록 하는 것이다. 그래서 악의적인 소문을 퍼뜨리거나 갖가지 딴죽을 거는 방법으로 프로답지 못한 경쟁이 시도되고, 또 많은 사람들이 그런 유혹에 흔들린다.

직장 내에서도 마찬가지다. 능력급, 연봉제 등이 도입되면서 상대평가에 따라 월급까지 차이가 나는 시대가 되니, 이런저런 갈등 요인도 많이 생겨났다.

그중에 가장 큰 문제가 동료들 간에 서로 도와주는 풍토가 은연중에 사라져간다는 것이다. 동료의 성과가 나에게는 연봉 축소로 이어질 수 있기 때문이다. 이것이 심해지면 극단적인 경우까지 생겨난다.

일본의 모 식품회사에서 있었던 이야기다. 다른 어떤 상품보다도 식품은 가장 먼저 출시해 선풍을 일으키면서 시장을 선점하는 게 중요하다. 계절마다 대박상품이란 게 있다. 그해 개발부에선 대박이 예상되는 상품을 기획하고 있었다.

그런데 어떻게 알았는지 경쟁사에서 비슷한 제품을 먼저 개발해 시장에 내놓았다. 완전히 맥이 빠지면서, 개발 단계의 상품은 결국 사장되고 말았다. 나중에 자체 조사를 해보니, 개발 파트에 있던 직원 하나가 동료의 성과를 시샘해 그것을 경쟁사에 유출시킨 것이었다. 일본 고유의 평생직장 개념이 사라지고 능력급제와 연봉제가 도입되면서 생겨난 부작용이었다.

극단적인 경우지만, 누군가는 A를 받고 누군가는 C를 받는 경쟁사회에서 동료의 성과를 마냥 기뻐해주기 힘든 것이 솔직한 심정이다.

프로다운 경쟁은 좋은 평판과 기회를 낳는다

필자는 기자생활을 하는 동안 많은 사람들을 괴롭혔다. 그 가운데 진실이지만 상대에게 큰 상처가 되는 기사들도 많이 썼다. 그 때문에 어떨 땐 기업이 위기에 몰릴 때도 있었고, 명예에 치명타를 입는 사람도 있었다.

항상 마음속에 짐이 되고 있지만, 언젠가 그들 중에 한 명이 지인을 통해 전해준 말이 고맙고도 살아가는 하나의 원칙이 되었다.

"고 기자 때문에 엄청 혼났어요. 우리 입장에서는 손해가 커서 무척 원망스럽기도 했지만, 그 친구, 프로답게 싸우고 프로답게 화해할 줄 알더라고요."

친밀도를 떠나 경쟁사회에서는 친구, 동료, 다른 조직의 구성원과도 때때로 경쟁을 피할 수 없다. 그러나 프로답게 싸우면 이기든 지든 상대를 인정하게 된다.

뿐만 아니라, 또 다른 기회까지 잡을 수도 있다. 프로답게 연구하고 영업하고 개발하는 사람은 여러 경쟁조직에서 항상 주목하고 있다. 그리고 어느 순간 그에게 더 좋은 조건을 제시하면서 스카우트하려 할 것이다. 실제로 이런 사례는 사회생활에서 흔한 일이다.

입장이 바뀌면
태도도 바뀌게 마련이다?

상황에 따른 태도 돌변은 진실성의 결핍

지위나 입장이 바뀌면 순식간에 태도까지 바뀌는 사람이 있다. 어제까지 항상 웃음 띤 얼굴을 보이던 사람이 오늘 갑자기 근엄한 척하는가 하면, 과장님, 차장님 하면서 때론 극존칭까지 쓰며 지나치게 겸손을 떨던 사람이 갑자기 김형, 고형 하며 다가온다.

이유를 알아보니, 승진을 했거나 이직을 했다는 것이다. 카멜레온 같은 사람들이다. 이들은 자기의 본심을 감추고, 필요에 따라 가면을 쓰는 사람들이다.

언젠가 모 기업에서 홍보를 담당하던 부장이 사업을 하기 위해 회사를 그만두면서 후임자에게 기자들을 소개시켜 준다며 회사를 방문한 적이 있었다. 이 사람을 보면서 입장에 따라 태도를 바꾸는 것이 상대에게 얼마나 혐오감을 주는지 적나라하게 느꼈다.

우선 그는 소개를 시켜준다며 나온 자리에 등산복인지 뭔지 모를 캐주얼 복장을 하고 나왔다. 그만두는 마당에 예의를 차릴 필요가 없다는 판단에서였을 것이다. 그리고 일반 기자나 간부 할 것 없이 상대를 잘 모르면서도 김형, 이형 하며 새 홍보부장을 소개하는 것이었다.

평소에 싹싹한 예의를 자랑하던 모습과는 영판 다른 태도였다. 잘 모르는 젊은 기자에게는 아예 반말로 말하듯 하니까 옆에서 무심코 인사를 받았던 한 후배는, "저 사람 누군데 저렇게 오만불손하냐"며 인상을 찡그렸다. 난감해진 것은 새로 온 홍보부장이었다. 인사를 시켜주는 것은 좋으나 전임자의 태도가 눈에 거슬리다 보니 불편해하는 기색이 역력했다.

불쾌한 기억이 뇌리에서 사라져갈 즈음, 사업을 시작했다는 그 홍보부장에게서 연락이 왔다. 좋은 제품을 개발했는데, 홍보할 수 있는 코너가 있겠냐는 것이다. 그런데 이번에는 다시 태도가 180도 달라졌다. "그동안 연락을 못 드려 죄송하다"라든지, 필자가 가지도 않은 파리 출장 모습을 "TV에서 잘 봤다"며 아양을 떠는 것이다.

누구든지 지위나 입장이 바뀌면 자연스럽게 태도도 바뀐다. 신상 변화에 상관없이 예전과 똑같은 모습을 보이는 사람도 있지만, 그것이 꼭 좋아 보이지는 않는다. 조직생활에서는 윗사람의 지나친 소탈함이 다른 이들에게 부담이 될 수도 있다.

하지만 입장이 바뀌었다고 태도가 확 바뀌는 사람은 대개 진실성이 없는 사람이다. 그리고 행동을 통해 자신에게 진실성이 없음을 남에게 알려주며 스스로 인간관계의 무덤을 파고 있는 것이다.

여성은 남성과 똑같이 대해야 한다?

여성 동료를 돕는 것은 '품앗이'

 남녀평등을 외치는 목소리가 새삼스러울 정도로 여성들의 권익이 신장되고 있지만, 남성들이 여성들에게 똑같은 권리를 찾기에 앞서 의무도 똑같이 지키라고 강요하는 경우가 있다.

 유치한 요구인 줄 알면서도 국방의 의무를 똑같이 지키라고 하고, 직장에서는 야근과 숙직도 똑같이 해야 된다고 말하며, 회식 자리에는 절대로 빠져선 안 되고 중간에 먼저 가도 안 된다고 강요한다.

 남성들의 시각에서 볼 때, 결혼한 여성 동료들은 어느 순간부터 눈엣가시로 변하기 시작한다. 여성들은 대개 결혼 전과 결혼 후 직장생활의 충실도가 많이 달라진다. 결혼 전에 야근에 부담을 느끼지 않던 여성이 결혼 후에는 야근할 때면 안절부절못하고, 특히 아이라도 생기면 마음은 딴 데 가 있다. 회식 자리에서도 언제 갔는지 모르게 사라져 버리고, 야유회 같은 단체행동에는 가급적 빠지려 한다.

안 그럴 것 같던 남성 동료들도 "무슨 핑계가 그렇게 많냐"며 빈정거리기 시작한다. 상사와 다툼이 생기고, 먼저 퇴근한 여성 동료의 짐까지 떠맡은 남성 동료들의 불만도 쌓이며, "저렇게 하려면 그만두지"라고 말하기도 한다.

이러다 보니, 능력과 학력을 불문하고 여성 직장인들은 타의 반 자의 반으로 회사를 그만두는 경우가 속출한다. 인구도 줄어가는 마당에 가정과 나라 경제가 제대로 돌아가려면 여성인력을 최대한 활용해야 한다. 그러나 사회적 분위기는 여성들에게 여전히 어렵다.

여성 동료들을 도와주는 것을 '품앗이'라고 생각해보자. 제때 퇴근 못해서 안절부절못하는 여성 동료의 모습이 내 아내나 누이동생이라면 어떤 마음이 들까? 그러면 내가 일을 더 해주는 것이 그렇게 억울하지 않다.

내가 옆의 여성 동료에게 잘해주는 동안, 다른 직장에서 근무하는 내 아내나 누이가 잘 대접받는 식으로 품앗이를 한다고 생각하면 한결 마음이 편하다.

결혼한 직장 여성들은 남성 동료에 비해 회사 다니기가 세 배는 힘들어 보인다. 필자의 아내와 여동생을 보면서 참 안쓰럽다는 생각을 할 때가 많다. 그들은 직장과 가정 양쪽에서 일찌감치 '일류'가 되려는 꿈을 포기한다. 하지만 이류로 지내기에도 직장과 가정에서 너무 많은 일 때문에 녹초가 되고 있다.

여성 동료에게 잘해주는 것이 결국은 서로의 가족들이 편해지는 품앗이라 생각한다면, 동료들의 경조사에 축의금과 조의금을 내듯 여성 동료들에게 편안하게 관용의 미덕을 베풀 수 있을 것이다.

늦은 술자리에는 여성들이 빠지게 하라

회식 때 1차, 2차, 3차로 이어지면서 여성들이 먼저 자리를 뜨려 하면 사생결단하고 막는 남자 동료들이 있다. 반대로, 가끔씩은 남자들끼리 한잔 더하고 갈 테니 먼저 가라고 해도 막무가내로 단란주점까지 따라붙는 여성 동료도 있다. 어떻게 보면, 남성들에게 약한 모습을 보이지 않겠다는 '약자'의 오기일 수도 있다.

술자리에 따라 다르겠지만, 남성들은 단란주점 같은 민망한 자리에 갈 때도 여성 동료들에게 같이 가자고 의례적인 말을 건넨다. 여성 동료를 차별하지 않겠다는 표현이겠지만, 내심은 이쯤에서 먼저 가주길 바라는 경우가 많다.

술자리에서 마음껏 노는데 같이 있으면 불편할 것이고, 행여 실수라도 하지 않을까 하는 노파심에서다. 그러다 보니 여성 동료에게 함께 가자고 강권했던 이가 나중에 "그런다고 진짜 따라왔냐"며 뒤에서 빈정대는 경우가 많다.

술자리가 길어지면 동료 간이나 잘 아는 사이에도 자제력이 약해져 실수를 할 때가 있다. 말 그대로 실수일지 모르지만, 요즘같이 직장 내 성희롱 문제가 민감한 때는 작은 실수라도 큰 상처를 남길 수 있음을 염두에 둬야 한다.

　술은 변함없이 실수와 부끄러움을 부르지만, 지금의 세상은 술 먹고 저지른 실수를 용납하지 않는다는 사실을 잊지 말아야 한다.

격의 없는 행동은 친밀함을
더한다?

가까운 사이에도 격 없는 행동은 불쾌감을 낳는다

　남자들은 나이 사오십이 돼도 가까운 친구를 만나면, 이 새끼, 저 새끼는 물론 상소리까지 섞어가며 친밀감을 과시하는 경우가 있다. 격의 없는 말과 행동으로 예전의 친밀함을 되살리려는 것일 수도 있고, 또는 친밀함을 더욱 돈독히 하기 위해 그런 행동을 하는 경우도 있을 것이다.

　상소리까지도 불쾌감으로 다가오지 않는 사이는 정말 친한 사이다. 그러나 아무리 친한 사이라도 '격의 없음'이 지나치면 마음속에 불쾌감이 자리 잡는다. 그리고 어느 때부터는 격의 없는 행동이 몸에 밴 친구보다 예의 바른 친구를 더 편하게 느끼는 자신을 발견하고, 자신도 가까운 친구 간에 예의를 지켜야겠다는 생각을 한다.

나이가 들어갈수록 적절한 예의는 친구에 대한 정성이란 생각이 든다. 편하게 대하되, 친구의 사회적 지위나 평판을 고려해 대접해주면, 우정이 한결 더해지는 걸 느낀다. 그러기에 가까운 친구에 대해서도 때로는 깍듯한 존댓말과 예절이 필요한 것이다.

특히, 공식적인 모임이나 가족 또는 직장 동료가 있는 자리에서는 더욱 조심할 필요가 있다. 그런 자리에서 친밀성을 과시해야겠다는 욕심으로 상대에게 지나치게 격의 없이 굴 경우, 상대의 자존심에 상처를 주는 한편, 여러 사람에게 자신에 대한 나쁜 인상을 남기는 원인이 될 수도 있다.

조직 내 동기 간에도 무례는 금물

조직생활에서 좋은 일, 궂은 일을 함께 하며 가장 가까운 사이로 지내는 동기 사이에도 때로는 무례함이 서로를 멀어지게 하는 단초가 되기도 한다.

능력이 뛰어나거나 운이 좋아서 졸업 전에 취직이 된 사람이 있는가 하면, 취업 재수는 물론, 삼수까지 한 이가 동기가 되기도 한다. 여기에다 군대라는 요인까지 겹치면 직장 동기간에도 서너 살 이상 차이가 나는 경우가 허다하다.

그러다 보니 학교 선후배가, 친구 오빠가, 여동생 친구가 직장 동료가 되기도 한다. 그런데 가끔 나이 먹은 동기에게 "야! 너" 또는 "이 자식" "저 자식"으로 부르며 무례하게 구는 나이 어린 동기들이 있다. 이런 동기를 대하는 나이 먹은 동기는 '늦게 들어온 게 죄'라고 자책하면서도, 마음 한켠에선 서운하고 괘씸하다는 생각이 든다. 그러나 그것을 입 밖에 내면 속 좁다는 평을 들을까 봐 전전긍긍하게 되고, 급기야 나이 어린 동기를 멀리한다.

반대로 나이 어린 동기 입장에선 상대가 불편함을 호소하지 않으니, 자신의 무례한 행동이 나이 많은 동기의 마음을 상하게 할 것이라고는 꿈에도 생각지 않는다. 또 "동기간에 그런 게 뭐가 대수냐"며 편의대로 생각해버리고 만다.

필자도 비슷한 경험을 한 적이 있다. 나이가 두 살 많은 고향 사람이지만, 입사 동기로 지냈던 한 동료가 정색을 하며 충고를 한 것이다. 향우회 자리에서 잠깐 할 이야기가 있다고 해서 나갔더니, "이 자리에서는 자신을 형으로 불러 달라"고 했다. 그러고 보니 그의 다른 친구들은 필자가 형이나 선배로 대접하고 있었다. 나이 어린 동기는 편의대로 행동하지만, 나이 많은 동기는 항상 불편함을 느끼고 있다는 사실을 확인한 것이다.

우리말에는 존댓말이란 게 있기에 이런 갈등은 한층 더하다. 어쨌든 나이 많은 동기에 대해선 인생의 선배나 형 또는 오빠라고 생각하고 예의를 갖춰 대할 필요가 있다. 그렇게 한다고 자신의 자존심이나 정체성에 손상이 가는 것은 전혀 아니다. 먼저 들어와서 챙긴 이득을 뒤에 들어와서 손해본 동기에게 조금 베푼다고 생각하면 된다.

친밀도가 높을수록 강한 조직이다?

친밀함에도 견제와 균형이 필요하다

조직 구성원들 간의 친밀성은 화합과 협력을 통해 조직의 시너지를 높이는 효과를 가지고 있다. 자유로운 의견 개진을 통한 아이디어 창출과 자신의 영역에 대한 자발적인 책임감이 조직의 효율을 높이는 것이다. 그러나 이런 긍정적 효과를 기대하기 위해선 구성원들 간의 적절한 견제와 절제가 필요하다.

어떤 조직을 보면, 조직 구성원 모두가 형님이고 아우인 곳이 있다. 직장인지 가족 모임인지 구별이 가지 않을 정도다. 이런 조직에서는 '생산적 친밀성'을 기대할 수 없다. 모두가 '형님', '아우'로 지내다 보니 일에 있어서도 공사의 구분이 없다.

잘잘못을 따져야 되는 상황에서도 아랫사람은 "형님, 우리 사이에 뭐 이런 걸로 그러십니까? 이번 한 번만 봐주시죠"라고 요구하고, 윗사람은 "야, 좀 잘해라. 너 때문에 죽겠다"라며 넘어간다. 일은 대강 하려 하고, 책임은 친밀성을 무기로 내던지려 한다. 조직 구성원들 간의 친밀성이 조직을 서서히 죽이고 있는 상황이다.

학교나 지역 또는 특정 출신 등을 빌미로 한 패거리 문화가 지배하는 조직도 있다. 여기선 일부 구성원들이 똘똘 뭉쳐 친밀성을 과시하며 주변을 지배하려 든다. 친밀한 패거리끼리는 고급 정보와 복지 혜택 그리고 요직을 독점한다. 그러다 보면 주변에 긴장감을 주고, 조직에 분열을 초래하며, 시너지는커녕 구성원들끼리 적대시하는 분위기를 만들어낸다. 생산적인 부분에 쓰여야 할 조직의 낢은 에너지가 분열과 내부 분쟁에 소모되는 것이다.

친밀성은 좋은 것이지만, 견제와 절제를 통한 균형을 갖추지 못한 친밀성은 조직을 해치는 암이 된다.

지나친 친밀함은 행동을 제약한다

기업의 경우는 홍보실에서, 정부 부처의 경우는 대변인실에서 기자들과 접촉한다.

기자는 통칭 홍보담당자에게 취재를 하고 기사를 쓴다. 좋은 내용의 기사가 있을 때는 우호적인 관계가 유지되겠지만, 비판적인 내용의 기사를 쓴다면 심한 경우 상대가 정정 기사를 요구하거나 손해배상 등을 청구하며 관계가 악화되기도 한다.

그래서 이런 관계를 동지이면서 적이 되는 관계라고 부르기도 하고, 악어와 악어새의 관계라고 부르기도 한다.

기자와 홍보담당자들이 이처럼 견제와 균형 관계에 놓여 있지만, 가끔 마음이 잘 통하는 사람을 만날 때가 있다. 그런 사람과 술자리를 하고 이런 저런 이야기를 털어놓다 보면 형님, 아우로 통하기도 한다.

그런데 기자들 중에는 이렇게 홍보담당자와의 친밀성을 과시하며, 자신이 다양한 취재원을 갖고 있음을 자랑하는 경우가 있다. 공식적인 자리나 일과 중에서도 형님, 아우로 부르기 때문에 어떨 땐 기자가 홍보실 직원처럼 보이기도 한다.

엄연히 공사의 구분이란 게 있고 그것이 프로가 지켜야 할 규범이기도 하지만, 이렇게 과도한 친밀성을 유지하게 되면 상대 조직에 부정적인 기사를 쓰기가 껄끄러워진다. 격의 없는 친밀한 관계가 기사에는 족쇄가 되는 셈이다.

'싸울 땐 싸우면 된다'라고 말하지만, '특별한 관계'가 응당 해야 할 행동을 제약한다는 것은 동서고금을 막론하고 경험적인 진리다. 따라서 견제와 균형이 필요한 거래 관계에서는 서로를 좋아하고 존경하는 마음이 있더라도 적절한 거리감이 필요하다.

과도한 친밀함은 조직의 안팎에서 오해를 불러올 수 있고, 때로는 서로에게 큰 상처를 주는 독이 되기도 하는 것이 현실이다.

뚜렷한 개성은 대인관계에 감점 요인이다?

'튀는 개성' '비호감'도 사람에 따라 강한 경쟁력

수많은 인사들을 만나다 보면, 기억에 오래도록 남는 뚜렷한 개성을 가진 이들이 있다. 그중에 한 사람이 '앙드레 김'이다. 필자가 맡은 취재 부문과는 전혀 관련이 없어, 취재원으로 그를 만나리라곤 한 번도 생각해보지 않았다.

10여 년 전쯤 국회의원 선거 때 각계 유명인사로부터 '이런 사람을 뽑았으면 좋겠다'라는 주제로 계도 차원의 인터뷰 모음을 만든 적이 있었다. 그런 목적으로 선정된 인사 가운데 한 명이 앙드레 김이었다. 그와는 일면식도 없었고, 그의 특별한 개성을 좋아하는 편도 아니었다. 그래서 다소 긴장한 상태로 그를 만났다.

보통 사람들과는 다른 그만의 개성이 그대로 전해졌다. 하지만 묘하게도 그것이 전혀 불쾌하지 않고 편안한 느낌으로 다가왔다. 무엇보다 겨우 수십 초에 불과한 인터뷰를 위해 짙은 화장 위로 연신 땀을 닦아내며 혼신의 힘을 다하는 모습이 보기가 좋았고, 자신의 의상실을 둘러보게 하면서 정성을 다해 작품을 이해시키려는 프로의 자세가 맘에 들었다. 그리고 자신을 최대한 낮추려는 겸손한 자세가 여느 유명인과는 다르다는 느낌을 줬다.

패션 출입기자들로부터 들은 이야기도 비슷했다. 어떤 사람을 대하든, 어떤 일을 하든 변함없이 모든 정성을 다하기 때문에 '튀는 개성'을 가졌음에도 불구하고 한번 만나본 사람이라면 그의 팬이 된다는 평가가 이해가 되었다.

언젠가 다른 사건에 연루돼, 국회 청문회에 불려나온 앙드레 김의 모습을 봤다. 짓궂은 의원들이 그가 밝히기를 꺼리는 본명을 끈질기게 불러대며 추궁할 때, 어린아이처럼 당황하는 모습에서 세파에 닳은 여느 '공인'들과는 다르다는 느낌을 받았다. 또 몇 년 전 KBS의 가요무대 객석에 앉아 있는 앙드레 김의 모습을 보게 됐는데, 사회자가 인사를 시키자 객석에서 환호와 함께 우레와 같은 박수가 흘러나왔다.

많은 사람들이 일반적인 상식으론 '비호감'의 개성을 가진 이 유명인을 좋아하고 있었던 것이다. 성실성과 실력을 갖춘 '튀는 개성'은 강한 매력이 될 수 있음을 보여주는 단면이었다.

솔직하고 직선적이며 가혹한 스타일 때문에 모두가 어려워하고 싫어할 것 같은 개성으로도 크게 성공한 사람이 있다.

공정거래위원장에서부터 대통령 비서실장을 거쳐 경제부총리, 감사원장까지 공무원들이 단 한 군데만이라도 거쳐보는 게 소원일 정도로 높은 직책을 몇 군데나 거친 전윤철 현 감사원장이다. IMF 직후 서슬 퍼렇던 공정거래위원장 시절부터 지금에 이르기까지 전윤철 원장의 개성은 전혀 변하지 않았다.

항간에 알려진 '전핏대'라는 별명대로 전 원장은 누구를 만나든 속에 있는 말을 직선적으로 해버린다. 될 건 되고 안 될 건 안 된다는 원칙도 변함이 없다.

그에게 불려간 부하직원들은 눈물이 쏙 빠질 정도로 혼이 난다. 흔히 알려진 인간관계 상식에서 절대로 하지 말아야 한다는 방식으로 부하들을 다루지만, 그것을 나쁜 감정으로 되새김질하는 후배는 거의 없다. 왜냐하면 혼낼 것은 크게 혼내되, 뒤끝이 없기 때문이다.

한번은 방송국 토론 프로그램에 참석했다가 원고에 없던 질문을 했다며 화를 내는 모습을 봤다. 아무리 공인이라도 방송국에 와서는 주눅이 들게 마련인데, 그는 평상시와 똑같이 방송국 스태프들이 약속을 지키지 않았다며 노발대발한 것이다.

그래서 적도 많을 것 같은데, 적이 많으면 성공하기 힘들다는 통념에도 불구하고 승승장구한다.

말 많고 까다로운 기자들도 그를 밉게 보는 이가 드물다. 툭 쏘는 듯한 말투나 싫고 좋음을 분명히 하는 솔직함이 껄끄러울 것 같은데, 묘하게도 전 원장이 이야기를 하면 소신 있는 시골 훈장 선생님이 이야기하듯 정감이 간다는 게 기자들의 이야기다.

보통 사람들에게 '도드라지는' 개성은 면접에 감점 요인이 되고 만남을 꺼리게 하는 단점이 될지 모르지만, 자신감과 실력을 갖춘 사람들에게 뚜렷한 개성은 그를 한층 더 빛나게 하는 수단이 된다.

원칙과 일관성이 생명이다?

일관성도 독이 될 때가 있다

미국에서 활동하는 어떤 목사님이 이런 이야기를 한 적이 있다.

그는 몇 년 전 중국에 있는 교회의 초청을 받아 현지 선교활동을 하러 떠난 적이 있었다. 그런데 떠나기 전날에 초등학생인 큰아들이 고열에 시달리자, 하느님께 간절히 기도를 드렸다고 한다. 그래도 효과가 없자 목사님은 집에 있던 해열제를 아들에게 먹여 겨우 열을 가라앉혔다.

편한 마음으로 중국 선교에 나섰는데, 이번에는 아주 난감하고 부담스러운 과제가 기다리고 있었다. 중국에 있는 그 교회는 기도를 통해 병을 고치는 치유의 교회로 잘 알려져 있었다. 그런데 미국에서 목사가 방문한다고 하자, 동네 주민들은 선진국에서 온 목사가 더 뛰어난 치유의 능력을 가졌을 것이라며 몰려든 것이다. 참으로 난감한 일이 아닐 수 없었다. 아들의 열도 내리지 못해 약을 먹였는데, 어떻게 불치병에 가까운 중병들을 고칠 수 있단 말인가?

어쨌든 열심히 기도를 했는데, 이게 웬일인가? 수많은 사람들의 병이 실제로 치유된 것이다. 통증뿐만 아니라 고질적인 피부병마저도 그 자리에서 나은 것이다.

그 목사님은 이런 치유의 기적 덕분에 중국 사역을 무사히 마치고 미국에 있는 집으로 돌아왔다. 그런데 약을 먹고 나았던 아들이 다시 열에 시달리는 등 몸져누워 있는 것이었다. 목사님은 다시 기도했다. 불치병도 고쳤던 기도의 힘으로 아들의 고열을 고치려 한 것이다. 하지만 기도는 소용이 없었다.

목사님은 다시 해열제를 먹였고, 곧바로 아들의 열은 내렸다.

기도가 병을 치유하는 효과가 있는가 없는가를 논하자는 것이 아니다. 고집스러운 일관성보다는 상황에 따른 융통성이 훨씬 낫다는 사실을 말하려는 것이다.

행동에서 그리고 사고에서, 원칙을 세우고 일관성을 유지하는 것은 존경할 만한 덕목이다. 그러나 상황 변화에 적응하지 못하는 원칙과 일관성은 많은 사람들에게 불편을 줄 수가 있다. 세상은 갈수록 새로운 가치와 덕목을 요구하는데, 과거의 가치나 상황에 맞지 않는 원칙을 세우고 그것을 강요하기 때문이다. 개인적인 주관도 상황을 무시하면 고집과 아집으로 변할 수밖에 없다.

군대에서 정해진 강도로 혹서기 酷暑期 훈련을 반드시 해야 한다는 원칙도 너무 더우면 강도를 낮출 필요가 있다. 하지만 무리한 구보나 행군으로 사망하는 군인들의 이야기가 잊을 만하면 들려온다. 금연빌딩을 만든다고 흡연자가 사라지는 것도 아니다. 어디에든 흡연 공간을 만들어주지 않으면, 빌딩의 계단은 담배 연기와 꽁초로 넘쳐난다.

개인적 소신도 그렇다. 술을 끊기로 결심했어도 축하 자리에서 돌아가는 폭탄주를 혼자 거부하면 분위기가 썰렁해진다. 자동차 영업사원이 마라톤을 좋아한다고 고객에게 건강을 위해 자동차를 놔두고 마라톤으로 회사에 출퇴근하라고 권고한다면, 한 대의 차도 팔지 못할 것이다. 영양실조에 걸린 소식주의자가 소식이 건강의 첩경이라며 충분한 음식 섭취를 거부하면, 죽음의 첩경으로 접어들 수밖에 없다.

원칙은 때로는 게으름에 대한 변명이다

원칙대로 하자는 사람에게 말로 이길 수는 없다. 원칙은 힘이요, 가장 큰 도덕성이기 때문이다. 상황이 복잡하고 어려워질수록 원칙을 지키는 것이 가장 현명한 방법이다.

원칙대로 하면 뒤탈이 적다는 것은 경험적 진리다. 그렇지만 원칙을 고수하는 것이 모두에게 선은 아니라는 것도 경험적 진리다.

원칙대로 해서 모두가 이익을 얻는다면 세상은 참 편해질 것이다. 잔머리 굴릴 필요가 없고, 고민할 필요도 없으며, 모든 일의 추진도 빨라지면서 효율도 높아질 것이다.

하지만 원칙이 가끔은 생각하기 싫어하는 게으른 사람들의 변명이 될 때도 있다. 앞으로 일이 어떻게 전개될지 모르는 상황에서 원칙대로 일을 처리하자고 목소리를 높이는 사람들의 얼굴을 보면, 그래도 자신감이 차 있고 투명해 보인다.

원칙을 강조해서 손해 볼 것이 없기 때문이다. 원칙을 강조하는 그 자체가 '선'으로 인식되고 있는 데다 나중에 일이 잘되면 원칙을 지켰기 때문이라고 찬사를 받는다. 혹 일이 잘못되더라도 원칙대로 했기 때문에 떳떳하다. 다시 말하면, 밑져도 본전이란 이야기다.

원칙은 선이고 도덕성이기 때문에 대놓고 반대할 수도 없다. 한창 논란이 많은 성매매 특별법도 그렇다. 법을 도입할 당시 경기가 안 좋은 시점이어서 성매매 특별법을 시행하는 데 대해 우려가 많았다. 경제부처의 한 고위 관계자는 사석에서 이런 말을 했다.

"남자들이 단속을 겁내 유흥업소를 안 간다고 칩시다. 유흥업소 장사가 안 되면 주변 심야 식당들이나 여관도 파리를 날리겠죠. 유흥업소 종업원이나 손님이 줄다 보니 주변 구두닦이들도 장사가 안 될 거고, 유흥업소 종업원들이 자주 찾는 비싼 옷가게도 매출이 반으로 줄 겁니다. 심야에 손님이 없다 보니, 택시도 영업이 안 됩니다. 이렇게 얽히고설킨 손실을 비공식적으로 계산해보니, 국가 전체적으로 20조 원의 GDP 손실이 있을 것으로 계산되더군요."

하지만 이런 이야기는 공식적으로 할 수가 없다. 현실이 그렇지만 정치인이든 공무원이든, 이런 이야기를 하면 성매매를 해서는 안 된다는 원칙과 도덕성을 무시하자는 이야기라며 당장 매도당할 것이다.

원칙대로 하면 모든 게 잘될 것 같다. 하지만 원칙대로 안 되는 일

또한 엄연히 존재하는 것도 현실이다. 원칙대로 했건만 성매매는 오히려 은밀하고 왜곡된 모습으로 도처에 깔려 있다.

참여정부 정책이나 386 정치인들의 행태가 빛 좋은 개살구로 폄하되는 것도 그 때문이다. 그들은 현실에 바탕을 둔 실속보다는 명분과 원칙을 더 따진다. 현실을 감안하자고 말하면 원칙을 깨자는 것이냐며 몰아붙인다. 누구나 원칙을 깨는 파렴치한으로 몰리고 싶지는 않다. 말로는 정책마다 못할 것이 없지만 이루는 것 또한 없다.

복잡 미묘한 상황에서, 앞이 보이지 않는 어려운 역경에서 원칙을 고수하는 것은 무엇보다 상처를 줄이는 길임은 확실하다. 그러나 융통성을 발휘할 여지가 있는 상황에서 지나친 원칙 고수는 누군가에게는 불필요한 상처를 줄 수 있다.

원칙보다 더 강제력이 있는 법에도 '눈물'이 있다고 한다. 정상참작이란 게 그런 것이다. 때로는 원칙을 깨는 것이 모두에게 득이 될 때도 있다.

선물보다 마음이 중요하다?

적당한 선물이 마음보다 훨씬 낫다

"뭘 이런 걸 가져오셨어요?"

"그냥 오세요, 선물은 무슨. 아무것도 필요 없습니다."

집들이를 하든 초면에 누굴 만나든, 의례적으로 이런 말을 듣지만 주는 선물에 얼굴 찡그리는 사람은 없다.

하지만 요즘처럼 투명성을 강조하는 때 과도한 선물은 '문제'가 될 수도 있기 때문에 신경이 쓰이지 않을 수 없다. 그래서 선물을 준비하는 쪽에선 적절한 '무게'를 찾느라, 받는 쪽에선 뒤탈이 생길까 걱정한다.

가장 좋은 선물은 주는 사람이 준비하는 데 큰 부담을 느끼지 않으면서 받는 사람이 좋은 기분을 느낄 수 있는 선물일 것이다.

정부 고위직에 계시는 분 가운데 선물을 참 잘하시는 분이 있다. 이 분의 사무실에 들르는 사람은 직원이든 손님이든, 선물을 하나씩 받고 나온다. 그렇게 선물을 잘하면서도 주고받는 사람들 모두 구설수 한 번 오르지 않는다.

그분의 사무실에서 들고 나오는 선물은 일부러 숨길 필요도 없다. 나오는 즉시 사람들에게 자랑해도 좋다. 선물은 대개 자그마한 그릇이나 운동에 필요한 액세서리 등인데, 외국에서 가져온 것들이다. 본인이 해외 출장을 갈 때 사 오거나, 아니면 직원들이 해외에 나갈 때 마음에 둔 가게와 물건을 알려준 뒤 사다 달라고 부탁을 하는 것이다.

필자도 그런 선물을 하나 받은 적이 있는데, 작은 플라스틱 컵이었다. 접으면 납작해서 주머니에 넣을 수 있고, 펼치면 일회용 컵 정도의 크기로 변한다. 별것 아닌 것 같으면서도 신기해서, 그것을 받고 난 뒤 혼자서 몇 번이나 펼쳐보고 접기를 반복했다.

비싸지는 않지만, 선물을 준비한 사람이 고민한 흔적과 위트가 배어 있는 선물은 상대를 즐겁게 한다. 이럴 때면 마음보다 선물이 훨씬 낫다는 생각을 하게 된다.

상대에게 선물을 잘하면서도 서로에게 부담이 되지 않게 하는 능력, 상대로 하여금 선물한 사람의 재기발랄함에 미소를 지을 수 있게 만드는 능력은 부러워할 만한 것이다. 또, 그런 선물이야말로 살벌한 시대에 고마움을 전하는 양념인 셈이다.

이직, 떠나면 그만이다?

이직은 전 직장과 새로운 관계의 시작이기도 하다

평생직장이 최고의 직장으로 여겨지던 때가 있었다. 하지만 이제는 평생 근로자를 지켜줄 직장도 없을뿐더러, 더 좋은 조건으로 옮길 수 있는 사람이 능력 있는 사람으로 인정받는 시대가 됐다.

최근의 설문조사를 보면, 20대에서 40대 직장인 중 열에 여덟이 이직한 경험이 있는 것으로 나타났다. 뿐만 아니라 열에 여덟이 현재의 직장에서 떠날 용의가 있다고 답했다. 10년 전만 하더라도 꿈도 꾸지 못할 만한 의식이 일반화된 것이다.

이직의 이유도 많다. 가장 좋은 이직의 이유야 두말할 필요 없이 좋은 조건으로 스카우트되는 것이다. 하지만 상사와의 불화나 적성, 현

직장의 비전 부재 때문에 직장을 옮기는 경우도 많다.

어떤 계기로든 직장을 옮길 때 '그쪽으론 오줌도 안 눈다'는 식으로 관계를 정리해선 안 된다. 묘하게도 다시는 쳐다보지도 않을 것 같던 전 직장과의 관계가 옮긴 직장에까지 이어지는 경우가 많을뿐더러, 자신이 전 직장에서 얻은 평판이 새로 옮긴 직장에 어떤 형태로든 전해지기 때문이다.

상사와의 불화 때문에 모 전자기업에서 다른 회사로 옮긴 한 사람이 1년 뒤 전 직장과 거래 관계에 있는 부서장으로 발령이 났다. 새 회사에서는 그가 전 직장의 분위기나 사정을 잘 아니까 그쪽 부문으로 보낸 것이다. 두 번 다시 보기 싫다던 사람들에게 부탁해야 하는 입장에 서니까, 잘해놓고 나올걸 하는 후회가 들더란다.

어떤 이유로 이직하든, 마지막까지 맡은 일을 열심히 해야 한다. 어떤 측면에서는 이직을 결심한 이후부터 더 열심히 일해야 한다. 보내기엔 아쉬운 사람이란 인상을 남기고 떠나는 것이 돌고 도는 인간관계에서 훨씬 유리하다.

이직, 번복은 금물!

같은 출입처에 나가던 타사의 후배기자가 한 명 있었다. 유능한 자질 덕분에 여러 군데에서 스카우트 제의가 있었던 모양이다. 출입처의 다른 기자들이 이미 소문을 다 듣고 자신도 그 소문이 사실이라고 인정할 즈음, 그는 갑자기 회사를 옮기지 않기로 했다고 말했다.

이유인즉, 회사 선배들이 하도 간곡하게 붙잡으면서 지원해주겠다고 약속했고, 또 곰곰이 생각해보니 의리를 지키는 게 마땅하다는 생각이 들었다는 것이다. 이미 안팎으로 기정사실화된 이직을 번복한 것이다. 그를 스카우트하기로 한 회사는 어이없어하며 곧바로 다른 경력기자를 채용했다.

3년이 지난 어느 날, 그 유능한 후배는 필자에게 고민을 토로했다. 아무리 생각해봐도 지금 있는 직장에 큰 비전이 없다는 것이다. 게다가 이직을 원할 당시 자신을 떠나지 못하게 막으며 지원을 약속했던 선배들이 그 사이에 모두 직장을 떠났다는 것이다. 뿐만 아니라 회사 간부들이 자신을 '저 친구는 언젠가 떠날 사람'이라고 지목해놓고 중요한 일을 맡기지 않는다고 했다.

그래서 이번엔 진짜 이직을 결심하고 여러 회사의 문을 두드려봤지만, 나이가 너무 들었다거나 예전에 이직을 번복했던 경험이 있는 친구라는 소문이 나 아무도 자신을 거들떠보지 않더라고 이야기했다.

이직은 매우 큰 도전이며 모험이다. 따라서 결정의 순간까지 수많은 고민의 과정을 거쳐야 한다. 그런 다음 이직이 옳다는 생각이 들면 뒤돌아보지 말고 과감히 옮겨야 한다. 그래야 오히려 신뢰도 얻고 주위 사람들도 덜 피곤하다.

이직 사실이 알려지면 주위 선후배들은 "당신같이 유능한 사람이 없으면 우리 회사가 어떻게 되겠느냐"며 말린다. 그러다 보면 자칫 자신이 회사의 존망을 결정할 정도로 필요한 존재라는 '착각'과 함께 그 자리에 남아서 봉사해야겠다는 '소명' 의식까지 느낀다. 하지만 자신이 회사를 떠나도 회사에는 아무런 일도 생기지 않으며, 같은 부서의 동료들이 당분간 피곤해질 뿐이다.

필자는 과거에 회사를 옮길 때, 전임 국장께서 하셨던 말씀에 항상 고마움을 느낀다. 국장께선 떠나려던 필자에게 이렇게 말씀하셨다.

"이미 다 알려진 이상 누가 뭐래도 이직을 번복하지 마라. 어떻게 보면 그것이 양쪽 모두에 신뢰를 지키는 길이다. 새 직장으로 옮기면 뿌리가 없는 만큼 두 배로 열심히 해라."

옮길 때는 미련 없이 과감하게 떠나야 한다. 그리고 떠나보내는 입장에서도 이직하는 선후배의 결단과 입장을 이해해주고 격려해준다면, 그런 관계는 또 다른 관계의 시작점이 될 수도 있을 것이다.

한번 고참은 영원한 고참?

사회생활 오래 하려면, 관계의 변화 각오해야

#1

어느 날 다니던 회사에서 차장급 이상을 대상으로 구조조정 바람이 불었다. 설마 했던 대상자에 자신의 이름이 올라 있었다. 나갈 수밖에 없는 상황에서 자신이 관리하던 하청업체 사장에게 자리가 있냐며 도움을 청했다. 목구멍이 포도청인지라 자신이 좌지우지하던 하청업체 간부로 자리를 옮겼고, 그 사장 옆에서 궂은 영업을 하며 하루하루 연명하고 있다.

#2

20여 년의 공무원 생활 끝에 국장으로 승진한 지 2년이 지났다. 1급 승진을 기대했지만, 불행히도 그 자리는 동기에게 낙찰됐다. 윗사람에게 불려갔더니, 다른 곳에 부이사장 자리를 마련해놨으니 나가라고 했다. 업체들이 모여 만든 일종의 협회인데, 협회의 장은 예전에 자신을 하늘같이 어렵게 보던 모 중견기업의 사장이다. 마음을 독하게 먹고 그 자리로 옮긴 뒤, 협회 이사장을 하늘같이 모시며 매년 임기를 연장하고 있다.

#3

자금난으로 휘청거리는 회사에 어느 날 새로운 사장이 영입된다는 소식이 있었다. 그런데 그 사장은 나이가 아주 젊다고 한다. 그럴 수도 있겠다고 생각했는데, 놀랍게도 그 사장은 자금부에서 차장으로 근무하다가 회사를 그만두고 모 투자펀드에서 인수합병 전문가로 이름을 떨치는 예전의 후배였다. 사이도 안 좋았는데, 이제 어떻게 해야 하나.

황당한 상황인 것 같지만, 실제로 주위에 있었던 사례들이다. 인간관계는 윤회한다. 언제나 '상전'으로 남을 것 같지만 어느 순간 '하인'이 될 수도 있다. 더 이상 사회생활을 하지 않고 유유자적하게 소일하며 지내겠다면 모르겠으나, 건강이 허락하는 한 일을 하겠다고 한다면 윤회하는 관계를 항상 염두에 둬야 할 것이다.

그리고 만약 그것이 현실화된다면, 철저하게 새로운 관계의 틀에 자신을 맞춰야 한다. '예전에 저 친구가 나를 하늘같이 봤는데' 하면서 마음속에 앙금과 갈등과 회한을 가지고 있다면 새 출발이 힘들다.

중앙부처의 주요 국장을 지내신 분이 몇 년 전 연락해서는 예전에 알던 몇몇 기자들과 식사를 하자고 했다. 그는 국장직을 마치고 중견기업들이 만든 모 협회의 상근부회장으로 근무하고 있었다. 그는 협회 회장도 함께 나올 거라고 이야기했다.

모 기업의 대표이기도 한 협회 회장과 중앙부처 국장 출신의 부회장, 기자들 몇 명이 점심식사를 하면서 업계의 돌아가는 현황 등에 관한 이야기를 나눴다. 식사를 마치고 일어서는데, 갑자기 부회장이 벌떡 일어서더니 옷걸이에 있던 회장의 옷을 내려 회장에게 입혀주었.

회장은 기자들 앞에서 겸연쩍은 듯 "괜찮습니다"라고 말하면서도 걸쳐주는 옷을 입었다. 회장과 부회장의 관계는 예전에는 정반대였다. 부회장은 중앙부처의 국장으로 업계 전체에 큰 영향력을 끼쳤으며, 중견업체 사장은 만나보기도 힘들었다. 관계의 윤회에 의해 입장이 뒤바뀐 것이다. 그걸 보면서 처음엔 상황이 바뀌면 사람이 참 비굴해지는구나, 하고 생각했지만, 이내 '참 적응을 잘하는구나' 라는 생각이 들었다.

별것 아닌 것 같지만 그런 작은 행동, 어쩌면 남들 보기에 창피한 행동이 필자의 눈에는 새로운 인간관계에 프로답게 철저히 적응해가는 '상징'으로 보였다. 민간에 와서까지 고위 공무원의 도도한 자세를 유지하며 아래위를 대하는 것은 결국 아마추어로 새로운 생활을 끝내겠다는 의미일 것이다.

좋은 인상, 프로다운 인상을 남겨야 한다

윤회하는 관계에서 갑의 관계로 간다면 더할 나위 없겠지만, 을의 관계로 간다고 하더라도 쉽게 풀릴 수 있는 것은 절대 아니다.

대기업에서 구매를 담당하는 각각 다른 회사의 차장이 둘 있었다. 한 사람은 말썽 많은 구매 부서에 있으면서도 회사 내에서 좋은 평판을 갖고 있었으며, 하청업체들로부터도 합리적이고 원칙을 지키는 사람으로 인정을 받았다. 그런데 친구 보증을 잘못 서는 바람에 월급을 압류당하는 등 고통을 겪다가 결국은 퇴직금으로 빚을 청산하기 위해 회사를 그만두고 말았다.

회사에서는 아쉬워하면서 그를 떠나보냈는데, 나간 지 얼마 안 돼 건실한 하청업체에서 임원으로 와 달라는 제의를 받고 새 출발을 했다. 자신에겐 새로운 기회가 온 것이고, 하청업체 입장에서도 거래하는 대기업에서 좋은 평판을 받았던 사람을 영입함으로써 아쉬운 상황이 발생할 때 좋은 로비 창구가 생긴 셈이다.

또 다른 한 사람은 집에 명품 골프채를 몇 개나 두고 철마다 바꾸는 사람이었다. 모두 하청업체로부터 받은 것들이었다. 술 접대나 선물에 소홀한 업체가 있으면 이런저런 이유를 대며 거래를 끊기로 유명했다. 하청업체들은 이를 갈면서도 그에게 잘 보이기 위해 갖은 선물을 보내고 접대를 했다. 그러나 어느 순간 사내에 사정 出正 분위기가 돌면서 감사에 적발돼, 그는 물론 팀 전체가 해고를 당했다.

다행히 그동안 관리해둔 업체가 있어서 그쪽으로 갔다. 하청업체 사장은 그동안 덕을 본 것 때문에 마지못해 받아들였지만, 사실상 아무런 쓸모도 없는 그를 오래 붙들고 있기는 싫었다. 결국 잦은 충돌 끝에 새 회사에서 나오고 말았다. 다른 곳을 알아봤지만, 다른 하청업체들이 눈엣가시 같았던 그를 받아들일 리가 만무했다.

인간관계는 업보와 같다. 종전의 관계가 끝나면 모든 것이 끝난 게 아니라 종전의 관계는 새로운 관계의 씨앗이 된다. 따라서 주는 것, 받는 것에 대해 무심해선 안 된다.

여덟 번째 이야기 _ 평판

내 평판은 내가 안다?

스스로에 대한 평가가 남들보다 후하다

많은 사람들은 자신의 평판을 스스로 잘 안다고 생각한다. 그리고 대부분은 자신이 좋은 평판을 받고 있을 거라 믿는다.

한번쯤 자신이 다른 사람을 어떻게 평가하고 있는지, 또 과거에 어떻게 평가해 왔는지 곰곰이 생각해보자. 아마도 좋은 평점을 주기보다 박한 평점을 준 때가 많았을 것이다. 모든 사람들은 나르시시스트적인 성향이 있다. 자신에게는 관대한 반면, 타인에게는 엄격하다.

달리 말하면 내가 남들에게 박한 평점을 주고 있을 때, 남들 역시 나에 대해 나쁜 평점을 주고 있을 거라고 생각할 수 있다. 필자도 언젠가 친한 지인으로부터 누군가 당신을 형편없게 평가하더란 이야기를 전해 듣고는 자존심이 상하고 충격을 받은 적이 있다.

내가 자신에게 하는 평가에 비해 나에 대한 남들의 평판이 인색하기 그지없다는 사실을 받아들여야 한다. '내 맘'보다 후하게 나를 평가해 주는 사람은 좀처럼 찾기 힘들다. 대부분이 나의 자존심이 무색할 정도로 나에 대해 '짠 평판'을 내린다.

타인의 '짠 평가'를 항상 염두에 둬라

필자의 고향 후배 한 명은 자신이 직장에서 매우 촉망받는다고 생각하며, 많은 이들이 자신과 함께 일하기를 원한다고 믿고 있었다. 그가 하는 직장 이야기의 상당 부분은 자신의 무용담이거나 자신보다 모자란 동료들에 대한 폄하와 동정이었다.

그런데 알고 보니 그 후배의 직속 상사가 필자의 대학 동창이었다. 그와 점심 식사를 함께 할 기회가 있었는데, 그때 친구는 후배를 이렇게 평가했다.

"그 친구, 열정은 있는데 일처리가 야무지지 못해. 무턱대고 해보겠다고 해서 맡겼는데, 몇 번 사고를 치고 난 뒤로는 일 맡기기가 겁나. 또 자존심은 얼마나 센지. 고향 후배니까 잘 알겠네. 그 친구 옛날에는 어땠나?"

이것은 흔히 겪을 수 있는 이야기다. '나' 역시 어디선가, '스스로 생각하는 나 자신'보다 훨씬 못한 평판을 남들로부터 받고 있을 것이란 사실을 간과해선 안 된다. 타인의 나에 대한 평판이 이처럼 인색하다고 생각하면, 평판을 조금이라도 높이는 일을 게을리 할 수 없을 것이다.

개천에서 용 난다?

개천에서 난 용은 가끔 성격장애가 있다

한때 개천에서 난 용이 성공 신화로 여겨지던 때가 있었다. 어려운 환경 속에서 극적으로 성공한 사람들의 이야기는 가난한 이들에게 희망과 꿈을 준다. 요즘은 그런 영화가 없지만, 386세대만 하더라도 흔히 접하는 주제 가운데 하나가 개천에서 난 용의 성공 신화였다.

어렵게 공부해서 판검사가 된 뒤 부잣집에 장가가서 호의호식하는 성공담이나, 부잣집 처가의 눈치를 보며 친가를 외면하면서 가족 간의 갈등이 형성되고 그것을 극복해가는 과정 등의 애환도 담겨 있었다.

하지만 요즘은 개천에서 난 용을 좋아하지 않는다. 개천에서 난 용은 성질이 더럽기 때문이란다. 요즘 강남 아가씨들은 잘났어도 촌에서 올라온 총각들을 싫어한다고 한다.

이유인즉, 무난한 성격을 갖추지 못했다는 것이다. 개천에서 난 용들은 대개 천상천하 유아독존이다. 우물 안 개구리가 세상의 중심이 자기인 줄 알듯이, '개천의 용'들은 개천에서 하도 많이 키워주다 보니 오만하고 독선적이고 고집이 센 경우가 많다.

그러다 보니 세상의 큰 무대에 나와서는 주위와 어울리지 못해 좌충우돌하고 고립되다가, 종국에는 세상을 원망하며 미꾸라지가 돼버리는 경우가 허다하다.

요즘 영리한 아가씨들은 이런 것을 잘 알고 있는 듯하다. 모르면 삶의 경험이 많은 부모들이 그런 사실을 알려주기 때문이다. 특히 앞서 말한 강남 아가씨들은 그렇지 않아도 주위에 세련된 용들이 많은데, 성질 못된 시골 용을 선택할 리가 만무하다는 것이다.

이런 경향은 사회적으로 안정된 중장년 부모들도 마찬가지다. 본인이 개천에서 난 용이든, 아니면 안정된 가정을 기반으로 새 가정을 이뤘든 간에, 지각 있다는 중장년들 가운데 상당수는 이와 비슷한 생각을 갖고 있다.

그들은 사람을 평가할 때 경험적으로 그 집안을 살핀다. 상대의 능력이 아무리 출중해도 집안이 '형편' 없으면 능력으로 얻은 점수를 감점시킨다. 능력보다 더 중요한 품성에 대해 불신하기 때문이다.

개천에서 난 용이 대양으로 건너가 더 위대해지는 경우도 있겠지만, 사람들은 '개천 용'에 대해 경계심을 갖고 있다. 본인의 태생이 개천 용이라면 그런 약점을 갖고 있지는 않은지 반성해볼 필요가 있다.

부모 잘 만난 덕에 잘나간다?

물려받은 기득권을 인정하지 않는 풍토

자수성가란 의미 있는 성공이다. 스스로의 노력으로 남들보다 더한 성취를 달성하면 남들의 귀감이 되고 부러움을 산다. 특히, 우리 사회는 자수성가에 더 큰 의미를 둔다.

그러다 보니 부모나 조상 덕을 보는 사람에 대한 평가는 매우 인색하다. 그 사람의 능력이 뛰어나서 거둔 성공도 부모 덕을 본 것이라고 애써 폄하한다. 이런 모습은 외국과 달리 좀처럼 기득권을 인정하지 않는 우리 사회의 모습이다.

영국이나 미국 같은 서구나 가까운 일본만 하더라도 훌륭한 부모를 만나 자녀들이 쉽게 성공하는 것을 당연시한다. 좋은 부모가 귀감이 되고 훌륭히 지원하니 자녀들이 잘될 가능성이 그만큼 높다고 생각한다. 그러기에 명문 집안이 대를 이어가는 것을 별다른 느낌 없이 바라본다.

하지만 우리 사회에서 부모를 잘 만난 자식은 편하게 살아가는 만큼 마음고생도 각오해야 한다. 제 능력으로 한 것인데도 주변에서는 인정해주지 않는다. 부모의 후광을 입었다면 매도당하는 것쯤은 각오해야 한다.

필자도 아무런 기득권도 없는 가정에서 태어나 살아오면서, 타고난 특권을 가진 친구들이 무척 부럽고 미웠던 기억이 있다. 우리 집이 이랬다면 잘됐을 텐데, 하는 미련이 부모에 대한 원망으로 이어진 적도 있었다.

이런 마음은 좋은 집안에서 태어난 친구의 성공을 좀처럼 인정하지 않으려는 경향으로 나타나며, 자기비하로 이어진다. 어려운 입사 시험에 합격한 친구를 바라보는 시각도 친구의 능력보다는 아버지가 은행장이라, 또는 정부 고위관리라, 국회의원이라 면접에서 유리한 점수를 받았을 것이라 생각하는 것이다. 이는 동시에 자신의 실패를 능력이 아닌 집안 탓으로 돌리는 좋은 구실이 되기도 한다.

부모 잘 만난 것도 인정해야 할 자산

한 사람을 놓고 가치를 평가할 때, 온전히 그 사람 자체의 지능과 품성, 기술 등 개인적 자질만을 갖고 정하는 경우는 드물다. 사람의 가치는 그가 가진 개인적인 능력뿐만 아니라 주변의 모든 것을 합한 개념으로 봐야 한다.

중견기업의 사장인 친구가 이런 말을 한 적이 있다.

신입사원을 뽑을 때, 비슷한 실력을 가진 두 사람의 응시자가 있다. 한 사람은 은행장의 아들이고, 다른 한 사람은 자영업자의 아들이다. 누구를 뽑을 것인가? 기업을 맡고 있는 CEO라면 열에 아홉은 은행장 아들을 뽑을 것이란 이야기다. 그래야 회사가 어려울 때, 자식 다니는 회사에 대출이라도 더 해줄 것 아니냐는 발상에서다.

마찬가지로 영업사원을 뽑더라도 집안이 좋은 사람이 백 번 유리하다. 그래야 영업이 안 될 때 친척들한테라도 차를 팔고 보험을 팔 것이기 때문이다. 기업은 자선단체가 아니다. 고임금을 주고 사람을 쓸 때는 그 사람의 가치를 최대한 활용하려는 것이 당연하다.

요즘은 하도 기득권에 대해 사회적으로 반감을 불러일으키는 일이 반복되다 보니 일부 기업에서는 신입사원을 뽑을 때 최종 단계까지는 아예 학력과 집안 등 '출신성분'을 완전히 가리고 보기도 한다. 하지만 아무리 그래도 눈에 보이는 가치를 외면할 조직은 많지 않다.

부모 덕을 볼 일이 없다면 노력을 더해야 한다. 특급열차를 따라잡으려면 완행열차는 잠 안 자고 달려야 한다. 한편으로 돈과 배경을 못 가진 부모라면, 현실과 사회를 탓할 게 아니라 자신의 부족을 탓해야 한다. 자식이나 후손을 지원할 수 있는 부모나 조상은 다른 이들보다 더 많은 노력을 했을 것이기 때문이다.

무딘 낫보다 예리한 낫을 선택한다?

사람 좋고 능력도 출중한 인재는 드물다

탁월함은 선망의 대상이다. 고만고만한 사람들이 힘을 합쳐 만들어내는 에너지보다 한 사람의 탁월한 인재가 분출하는 에너지가 훨씬 더 큰 힘을 발휘한다. 그러다 보니 기업을 비롯한 어떤 조직에서든 인재 찾기에 혈안이 돼 있다.

그래서 경영 수완이 뛰어난 기업회생 전문가가, 수백억 원의 자산증식을 가능하게 해주는 애널리스트가, 신기술을 만들어내는 엔지니어가, 유행을 선도하는 디자이너가 서민들로서는 상상을 초월하는 연봉을 받으며 스카우트 제의를 받고, 또 보통 사람들의 몇 년치 봉급만큼의 성과급을 연말 보너스로 받고 있는 것이다.

어떤 이는 언론에 이름이 오르내리는 탁월한 사람을 잘 안다며 이렇게 깎아내린다. "그 사람 능력은 탁월한데, 배려가 없고 지나치게 독선적이야." 하지만 탁월한 이를 바라보는 많은 사람들은 "능력이 그렇게 탁월한데, 그 정도쯤이야 넘어갈 수 있는 것 아니냐"라고 양해한다.

사람들은 인간성 좋고 능력도 출중한 역할모델을 바라지만, 자세히 관찰해보면 그런 이를 찾기는 정말 힘들다. 세상에 이름을 낸 많은 '영웅'들 가운데는 겉으로 알려진 탁월한 능력 이면에 보통 사람보다 못한 인간적인 면모를 가지고 있는 사람도 많다.

하지만 인간적인 약점과 상관없이 탁월한 능력자들은 수억 원대의 연봉과 수차례의 스카우트 제의를 받으며 성공 신화로 자리매김하고 있다.

보통 사람들은 차라리 무딘 낫이 낫다

이렇듯 현대는 능력 지상주의가 지배하는 세상이라 부를 만도 하지만, 다행스럽게도 세상의 지배자는 정말 소수의 '초능력자'이다. 백 명에 한 명, 천 명에 한 명 정도의 '초능력자'만이 그런 영화를 누리는 것이다.

이와는 달리 대부분의 사람들은 조금 잘나고 못난 차이로 경쟁하고 있다. 그렇다면 조금 잘나고 조금 못난 사람들이 조직에서 선택되는 기준은 무엇일까?

필자는 스스로 생각하기에 모난 성격을 가졌다고 생각한다. 의견이 다르면 상대가 상사일지라도 상대편이 승복할 때까지 다투고, 조금만 마음에 안 차는 구석이 있으면 그걸 대놓고 말하지 않고는 못 견딘다. 제 딴에는 논리적으로 말하려다 보니 상대가 난감해하고 불편해한다.

그러다 보니 다툼과 화해가 반복되지만, 어느 순간 상대에게 불편한 감정이 쌓이는 것을 직감적으로 느끼고 후회하기도 한다. 이런 고민을 놓고 언젠가 고등학교 때의 은사님에게 상담을 구한 적이 있다. 많은 경험과 탁월한 직관 때문에 많은 제자들이 존경하는 그 선생님은 이런 비유를 들었다.

"성묘를 하러 가면 사람들은 대부분 날이 예리해서 잘 드는 낫을 고르지. 낫질하기가 훨씬 쉽고 빠른 시간 안에 벌초를 마칠 수 있으니까. 하지만 나는 적당히 무딘 낫이 좋더라. 잘 드는 낫은 벌초가 쉬워서 좋긴 하지만, 자칫하면 내 손을 벨 수가 있거든. 적당히 무딘 낫은 조금 수고스럽긴 하지만 손 벨 위험이 별로 없어."

선생님의 말씀은 조직생활에서 유능함도 중요하지만, 사람을 부리는 윗사람 입장에서 볼 때 성격이 가시 같은 잘난 사람은 쓰지 않으려 한다는 말씀이셨다. 차라리 조금 능력이 떨어지더라도, 융화를 잘할 줄 아는 이가 더 잘 선택된다는 것이다.

이는 이름난 경영자나 리더로부터 조그마한 조직의 팀장에 이르기까지 공통적으로 느끼는 인지상정이다.

손 벨 위험도 적으면서 잘 드는 낫이 있다면 더할 나위가 없겠지만, 그렇지 않은 상황이라면 아무래도 무딘 낫이 선택될 가능성이 더 높다는 것이다. 잘난 부하직원에게 스트레스 받기보다는 성과를 덜 내더라도 맘 편히 조직을 이끌고 싶은 것이 상사들의 마음일 것이다.

선배와 후배는 화성인과 금성인?

후배들 생각, '선배들은 대개 무능하다'

직장생활에서 후배들이 선배들을 보는 가장 대표적인 시각이 무능함이다. 그들은 자주 무능한 선배들 때문에 회사의 현재가 이 모양이고, 무능한 선배들이 중요한 직책을 맡고 있기 때문에 미래가 어둡다고 말한다.

조직생활에서 후배들은 선배들보다 미래가 더 많이 남았고 가능성이 다양하기 때문에 더 많은 꿈을 꾼다. 더 잘될 것이란 확신이 있고, 그러기에 옹색한 선배들의 모습이 한없이 한심해 보인다. 후배들은 자신의 실제 능력 이상으로 자신이 능력 있다고 생각하며, 지금 있는 어떤 선배보다도 더 훌륭하게 될 것이라 기대한다.

'내가 저 위치에 있으면 저렇게 안 할 텐데' 라는 것도 후배들의 전형적인 생각이다. 후배들의 생각엔 선배들의 선택과 판단이 한심할 때가 한두 번이 아니다. 게다가 자신감이 없으며, 투명하지 않고, 작은 일에 민감하며, 도전의식이 없고, 자기계발도 하지 않는다고 후배들은 생각한다.

후배들은 조직이 사람에 대해 투자할 때는 선택하고 집중해야 한다고 목소리를 높인다. 창의력도, 도전의식도 없는 선배들에게 연수며 교육으로 돈을 낭비할 게 아니라, 학습의욕이 강하고 회사에 도움이 될 수 있는 후배들에게 투자해야 조직에 이익이 된다는 것이다.

지금 선배 입장에 선 사람들은 후배들의 당돌한 생각에 서운함을 느끼고 괘씸하게 생각한다. 하지만 그것은 어찌 보면 '업보'다. 예전에 그들도 그랬기 때문이다. 동시에 지금 선배들을 비판하는 후배들도 연륜이 들어갈수록 그 선배들을 닮아가는 자신을 보면서 깜짝 놀랄 때가 반드시 온다.

선배들 생각, '우리 때는 안 그랬는데'

반대로 선배들 입장에서도 후배들을 보는 고정관념이 있다. 후배들은 이기적이고 싸가지가 없다는 것이다. 게다가 후배들이 비난하는 선배들의 게으름과 적극성이나 성실성의 결여가 오히려 그들의 단점이라는 게 선배들의 생각이다.

어떤 선배들은 후배들을 힐난하면서 이렇게 이야기한다. "우리 때는 안 그랬는데, 요즘 애들은 권리만 찾으려 하고, 약간이라도 손해 보는 일은 하지 않으려고 해. 조금만 힘들어도 못하겠다고 말하고, 귀찮은 일은 갖은 핑계를 대며 미꾸라지처럼 피하지."

재미있는 것은 선배 입장에 있는 대다수의 사람들이 비슷한 생각을 갖고 있다는 것이다. 특히 '예전에 나는 그러지 않았다'는 생각에 집착한다. 자신의 좋은 점만 기억하고 부족했던 점은 쉽게 잊어버리는 나르시시스트적인 특성을 사람들이 갖고 있기 때문인 듯싶다.

필자가 아는 한 선배는 자신이 보기에 한없이 게으르다는 후배들에게 "내가 너희들만 할 때는 취재하느라 일주일 이상 집에 안 들어간 적도 많았어. 기자실은 늘 전쟁터였지. 특종을 챙기려고 경쟁이 굉장했어"라는 말을 수시로 했다.

그런데 그런 선배의 행적을 우연히 그 선배의 동기에게 듣고는 실소를 금치 못했다. 집에 안 들어간 적이 많았던 건 사실인데 주로 고스톱을 치느라 그랬으며, 기자실에서 하도 낮잠을 많이 자서 낙종을 물 먹듯이 했다는 것이다.

'싸가지 없는 후배'가 대부분 '무능한 선배'가 되다

삼국시대에도 그랬고, 지금도 그렇고, 앞으로도 그럴 것이 선배와 후배가 서로 주고받는 평판의 간극이다.

처해 있는 입장과 경험이 다르니 생각도 다를 수밖에 없다. 생각과 행동의 차이에서 오는 스트레스 역시 피할 수 없는 것이다. '미래에 나도 저럴 수 있겠다'는 생각과 '과거에 나도 저랬을 것 같다'는 생각을 서로 가진다면 강퍅한 마음이 많이 줄어들 것이다.

반복되는 경험은 그것이 일반론임을 말해주는 것이다. '무능한 선배'와 '싸가지 없는 후배'는 과거에도, 현재에도, 미래에도 항상 갈등을 겪어왔고, 겪을 것이다. 그리고 공교롭게도 '싸가지 없는 후배'는 대부분 '무능한 선배'로 변해간다. 이런 일반적인 사이클에서 자신만 벗어나 있다는 생각은 환상일 가능성이 높다.

선배를 욕하고 후배를 욕할 때 자신을 돌아보자. 그러면 그 일반론의 굴레에 묶여 있는 자신을 발견하게 될 것이다. 어차피 묶여 있을 바에는 고통을 줄이는 게 낫다. 그 방법은 배려와 이해다.

아홉 번째 이야기 _ 소문

정보에 민감한 사람이 앞서 간다?

'정보맨'들은 단순한 사실을 복잡하게 만든다

주위에 보면 정보에 매우 민감한 사람이 있다. 친구나 이웃, 직장에서 정보통으로 통하는 이들은 가장 먼저 소문을 듣고, 나름대로 해석까지 덧붙여 우리에게 전해준다.

어디서 알았는지 궁금할 정도로 비밀스러운 이야기들이 담겨 있어서 무시하고 넘길 수도 없다. 그런데 이런 정보맨들의 특징을 살펴보면, 대개 자신감이 없는 사람들이 많다. 자신이 헤쳐나갈 수 있는 자신감과 역량이 부족하다 보니, 자신에게 영향을 미칠지 모르는 외풍에 민감해지는 것이다.

정보맨들은 흘려들어도 좋을 이야기들을 굉장한 것인 양 포장해서 말한다. 다시 말해, 단순한 것에 복잡한 의미를 부여한다는 것이다. 실적에 따른 당연한 임원 인사를 '측근 세력을 중심으로 새로운 권력 구도를 형성하기 위한 사전 포석'으로 해석한다든지, 회사 이미지 고양이나 절세를 위한 단순한 기부행위를 '오너가 정계 진출을 앞두고 특정 지역에 대해 사전 정지작업을 하는 것'으로 분석하기도 한다.

특히, 그들은 자신을 중심으로 정보들을 가공한다. 예를 들어, 회사에 구조조정이 있을 때 자신이 속한 부서가 위험할 경우 '이번 구조조정에서는 핵심 파트만 남겨두고 전부 아웃소싱하기 때문에 당신 부서도 위험하다'라는 식으로 물귀신 작전을 펴는 것이다. 정보맨들이 전해주는 정보들은 대개 비관적인 내용이 많다. 그들의 입장에서 볼 때 어떤 변화도 자신에겐 위험스러운 것들이기 때문이다.

정보맨들이 주는 정보들에 민감해지면 피해의식에 젖기 쉬운 것도 그런 이유에서다. 그들의 정보들은 대부분 피해의식으로 가공돼 있어서, 그런 정보들은 들으면 들을수록 자신감을 해치고 조직을 판단하는 데 혼란을 초래한다.

주변 정보에는 무딘 편이 차라리 좋다

핵심 정보는 반드시 챙겨야 하지만, 본질에서 벗어난 주변 정보에는 민감하지 않은 편이 좋다. 그런 정보는 접하더라도 재미로 듣고 넘겨야 한다.

조직에서 인정받고 열심히 일하는 이들은 주변 정보에 어두운 경우가 많다. 혹시 아는가 싶어 물어보면, "그런 게 있었나?"라는 대답이 전부다. 그런 것도 모르냐며 되물으면, "글쎄, 관심이 없어서"라는 대답이 돌아온다.

 핵심 정보는 조직의 방향과 목표에 관련된 것이기에 반드시 귀를 기울여야 한다. 그것을 모르고 일에 매진하면, 조직은 저만치에서 뭐 하냐며 어서 따라오라고 손짓할지 모른다. 핵심 정보를 알고, 즉 조직이 원하는 것을 알고 일할 때 효율과 능력을 인정받는 것이다.

 반면, 주변 정보에 민감하면 자신감을 잃은 게 아닌가 스스로 생각해봐야 한다. 조직에서 상당수의 정보들은 '정보맨'들에 의해 가공되고 윤색된 것이기에 그 내용의 3분의 2는 틀린 것이라 보면 된다.

 주변 정보는 맥을 빠지게 하고, 집중력을 흐리게 하며, 사람을 의심하게 만든다. 이런 주변 정보에는 차라리 둔감해지는 편이 훨씬 편하게 조직생활을 할 수 있는 방법이다.

아니 땐 굴뚝에 연기 날까?

아니 땐 굴뚝에서 연기 날 때도 있다

사람을 판단하는 데 은밀한 소문만큼 유혹적인 것은 없다. 누가 어떻다더라는 소문은 그 비밀스러움만큼 한 사람의 인상을 확정짓는 데 큰 역할을 한다. 정확한 정보가 아닐 수도 있지만, 다른 사람들은 개의치 않는다. 그리고 소문에 따른 평판은 검증도 거치지 않고 빠르게 퍼져나간다.

그런데 '아니 땐 굴뚝에 연기 날까'라는 속담과 달리, 전혀 근거 없는 소문이 의외로 많다는 데 놀랄 때가 많다. 항간에 끊이지 않는 연예인과 관련된 괴소문들도 나중에 알고 보면 허구일 때가 많고, 다른 공인들의 사생활 이야기도 사실이 아닐 때가 대부분이다.

보통 사람에 대한 소문도 그렇다. 출처를 알 수 없는 악의적인 이야기가 진실처럼 '카더라' 통신을 타고 퍼지면, 듣는 사람은 별 의심 없이 그 소문을 진실로 받아들이는 경향이 있다. 정작 소문의 당사자는 나중에서야 주위의 시선이 이상한 것을 느끼고 소문을 알게 된다.

광고회사에서 근무하는 필자의 한 후배는 어느 날 평생 인연이 없을 것 같던 잡지사 기자로부터 전화를 받았다. 그 기자는 조심스럽게 이런 이야기를 꺼냈다.

"초면에 말씀드리기 곤란한데, 아는 사람 소개로 전화를 드렸습니다. 저희가 이번에 동성애에 관한 특집기사를 다루고 있는데, 익명성을 보장해 드릴 테니 인터뷰에 응해주십시오"

이게 무슨 소린가? 그 후배는 자신의 귀를 의심하며, "동성애 이야기를 왜 나에게 물어보냐"고 따졌다. 그러자 기자는 다 알고 전화했다며 집요하게 인터뷰를 요구하는 것이었다.

동성애자가 아닐뿐더러 동성애에 대한 관심도 없고 주변에 그런 친구도 없던 그 후배는 기가 차서 "도대체 누가 나를 동성애자라고 소개했는지 이름을 대라"며 화를 내자, 그제서야 잡지사 기자는 미안하다며 전화를 끊었다.

그리고 나서 곰곰이 생각해보니, 어느 때부턴가 자신을 이상한 눈초리로 쳐다보던 여직원들의 얼굴이 떠오르더라고 그 후배는 말했다. 그리고 그 여직원 가운데 한 명이 잡지사에 터무니없는 내용을 제보했을 것이란 생각이 들었고, 불현듯 절교를 선언했던 한 후배 여직원의 얼굴이 떠올랐다. 그녀는 평소에 잡지사에 친구들이 많다고 자랑하곤 했다.

어쨌든 근거도 없는 소문 때문에 졸지에 혼삿길도 막힐 뻔했던 그 후배는 잡지사 기자의 전화가 '전화위복'이 됐다며 가슴을 쓸어내렸다.

헛소문은 믿지 않을 수 없도록 정교하다

이런 소문들은 대부분 좋지 않은 이야기지만, 이야기의 구성이 워낙 정교해 무시하고 넘길 수 없다. 한마디로 악의적인 허구일 때가 많다. 이를 보면 인간의 본성이 참 악한 것이라고 느껴진다.

사람들은 자신만이 정보를 가졌을 때 매우 뿌듯해하며, 그 정보를 남에게 슬쩍 알려줄 때 일종의 우월감을 느낀다. 그러다 보니 자신만이 알고 있는 정보의 신뢰성을 과장하며 윤색하기도 한다.

'증권사 찌라시'라는 게 있다. 호재, 악재가 투자의 기준이 되는 증권사에서 정보 관련 직원들이 항간에 떠도는 정보들을 모아 정리해서 참고하거나 요로要路에 보고하는 문서를 일컫는 말이다. 이를 들여다보면 참 그럴 듯하고 비밀스러운 정보들이 많다. 그런데 나중에 알고 보면 틀린 정보가 거의 80% 이상임을 알고 허탈해할 때가 많다.

증권을 담당하는 신참 기자들은 처음엔 이런 문서를 어렵게 구하면 기사의 보고로 생각한다. 그래서 치밀한 후속 취재 없이 행여 다른 기자가 알까 봐 급한 마음에 기사를 쓰다 보면, 그 결과 오보로 인한 소송에 온갖 고초를 다 당하게 된다.

남들이 모르는 나만의 비밀은 틀릴 확률이 그만큼 높다. 그럼에도 불구하고 그것을 쉽게 받아들이고 함부로 발설하면, 나에게 큰 곤란으로 다가올 때가 반드시 한 번은 생긴다.

오해와 헛소문은 다르다?

헛소문은 때로 오해에서 비롯된다

헛소문은 악의적으로 만들어진 시나리오일 때도 있지만, 가끔은 오해에서 비롯될 때도 있다. 진의가 정확히 전달되지 못했거나 이런저런 이유로 왜곡됐기 때문이다. 어쨌든 오해도 그것이 여러 사람에게 전달되면 소문이 된다.

2001년에 이라크전이 터졌을 때 필자는 보도국 내 국제부에서 근무하고 있었다. 직접 취재 현장을 찾아가야 하는 기자들의 입장에선 전장은 부담스러운 곳이 아닐 수 없다. 개중에는 전장을 누비며 이름을 날리는 기자도 없진 않지만, 대개는 가급적 위험한 현장에 가기를 꺼려한다. 대부분의 기자들은 치열한 소명의식보다는 위험을 기피하는 인간다운 면모를 더 많이 가졌기 때문이다.

전쟁이 뉴스의 핵심이 되면서 국제부에서는 이라크 특파원을 보내야 할 상황이었다. 그러나 아무도 자원하는 이가 없었다. 대부분 그렇듯이 후배 몇 명이 차출돼 위험한 전장으로 향했다. 보내는 사람도, 가는 사람도 마음이 불편한 상황이 계속되더니, 결국 한쪽에서 불만이 터져 나왔다.

위험한 곳에는 후배만 가고 선배들은 뭐 하냐는 것이다. 당연히 나올 법한 이야기지만, 실제로 그 이야기가 나오니까 선배 입장에 있는 사람들에겐 보통 스트레스가 아니었다. 필자 역시 부서 내에서 후배가 더 많은 선배 입장이라, 정곡을 찌르는 그 말에 가슴이 무척 아팠고 견딜 수 없을 만큼 죄책감이 들었다.

결국, 부서 내 선배에게 이라크 취재를 보내 달라고 말했다. 하지만 솔직한 심정으론 정말 가기 싫었다. 다른 후배들처럼 포로로 잡혔다가 기지를 발휘해 탈출할 자신도 없었고, 단신으로 바그다드에 들어가 현지 스태프들과 영어로 소통하며 일할 능력도 없었다. 하지만 후배들만 사지로 보내고 자신은 안전한 곳에 토끼처럼 웅크리고 있다는 이야기를 듣는 것이 더 싫었다.

하지만 말을 꺼낸 지 한참이 지나도록 취재를 가라는 허락이 떨어지지 않았다. 내심으론 허락이 내려지지 않기를 더 바랐는지도 모른다. 그런데 얼마 뒤 동료들에게서 들은 이야기는 참 어이없었다.

그것은 필자가 단순히 공명심 때문에, 능력과 용기를 가진 많은 후배 지원자들을 제치고 이라크에 가겠다며 고집을 피운다는 것이었다.

그리고 몇몇 동료들이 이런 소문을 사실이라고 믿고 있었다.

이라크에 가려고 했던 뜻이 완전히 반대로 해석된 것이다. 서로 가려는 상황이 아니라 아무도 안 가려는 상황에서 하기 싫은 것을 억지로, 그것도 취재 허락을 해주지 않는 것에 대해, 어쩌면, 오히려 다행으로 생각하고 있던 필자의 입장에선 억울한 정도가 아니라 황당한 내용이었다.

진의도 때로는 반대로 해석될 때가 있음을 또 한번 경험했던 일화다.

싫어하는 감정이 오해를 헛소문으로 만든다

필자의 입장에선 헛소문일 수밖에 없는 이런 오해는 많은 생각과 반성을 하는 계기가 됐다. 상대방에 대한 오해나 헛소문은 대개 호불호好不好에 의해 그 생명력이 결정되는 경우가 많다.

만약 판단하기 애매한 말이 전달될 경우, 그 말을 한 사람이 자신이 좋아하는 사람일 때는 대부분 진의를 물어볼 것이다. 배려하는 마음이 앞서기 때문이다. 하지만 상대가 자신이 싫어하거나 평소에 탐탁지 않게 생각하던 이라면, 처음 전해지는 느낌과 해석으로 판단해버리고 만다. 오해가 있을 수도 있겠다고 생각하지만 개의치 않는 것이다.

필자의 입장에서 볼 때는 오해인 소문을 믿은 사람들은 평소에 필자의 행동을 못마땅하게 생각하고 있었던 동료였을 것이다. 그리고 그런 동료가 내 생각보다 많았다면, 그것은 필자가 조직생활을 그만큼 매끄럽게 하지 못하고 있음을 방증하는 것이다.

오해는 비호감과 만나 헛소문으로 확대, 재생산된다. 그것은 그에 대한 선입견과 부정적 인상을 강화시키고 그 사람과 멀어지게 만든다. 주변에서 그것이 오해이고 헛소문이라고 설명해줘도 "그럴 리가 없어. 걔는 내가 잘 알아"라고 말하기 십상이다.

자신이 자주 헛소문의 희생양이 된다고 판단되면, 자신이 조직 내에서 얼마나 원만한 인간관계를 맺고 있는가를 곰곰이 반성해볼 필요가 있다. 또 자신이 헛소문일 수도 있는 남의 이야기를 애써 믿고 있다면, 소문의 주인공에 대한 반감 때문에 판단이 흐려진 것이 아닌가 생각해 봐야 한다.

그리고 가까운 사람이 소문의 희생양이 되고 있다면, 가급적 소문의 당사자에게 빨리 알려주는 것이 좋다. 안 좋은 소문이 사실이라면, 당사자는 그 이미지를 극복하기 위해 지금보다 두 배의 노력을 기울여야 할 것이며, 헛소문이라면 빨리 알아야 상처를 줄이고 적절하게 대응할 수 있기 때문이다.

헛소문은 뉴스가 될 수 없다?

헛소문은 때로 톱뉴스가 된다

오래전 기자 초년병 시절에 대선배가, 기사를 쓸 때 신중할 것을 당부하며 했던 말이 기억난다. 그 선배는 군사 정권 시절에 해직됐다가 한때 모 대기업에서 홍보부장을 맡고 있었다. 대통령 선거가 다가오면서 온 국민이 정치 기사에 촉각을 곤두세우고 있을 즈음, 그 선배는 위험스럽지만 재미있는 장난을 쳤다.

후배 기자들을 곯려줄 요량으로, 모 기관이 작성한 것으로 된 가짜 비밀 대선보고서를 만들어본 것이다. 그리고 그 보고서를 슬쩍 기자실 쓰레기통에 넣어놓았다. 얼마 뒤, 모 유력지 기자가 기자실을 방문했고, 잠시 후 문 잠그는 소리가 들렸다.

한 시간쯤 흘렀을까. 그 기자는 상기된 얼굴로, "회사에 뭔가를 두고 왔다"며 점심 약속까지 깨고는 서둘러 빠져나갔다. 홍보부장이었던 그 선배는 '이 친구가 걸려들었구나' 라며 속으로 웃었다. 장난이라고 알려줄까 생각도 했지만, 평소에 태도가 불량했던 그 기자를 곯려줄 심사로 참았다. 그러면서 확인 취재를 조금만 해보면 기사가 안 된다는 걸 알게 될 것이라고 판단했다.

그런데 다음날, 놀랄 일이 벌어졌다. 유력지 1면 톱으로 대선정국의 전망에 관한 비밀보고서 기사가 대문짝만 하게 실린 것이다. 하단에는 '본지 단독입수' 라는 거창한 부제까지 달려 있었다.

가짜 보고서를 만든 그 선배는 아연실색했다. 자신도 기자생활을 하면서 소문을 무작정 믿고 기사를 썼다가 곤욕을 치른 적이 있었지만, 장난 삼아 만든 가짜 보고서가 유력지의 1면 톱까지 장식하는 걸 보고 이번에는 또 다른 입장에서 낭패감을 맛보았다.

다행히도 며칠 뒤 다른 큰 뉴스가 나오면서 그 기사는 묻혀버렸지만, 그동안 그 선배는 혹시나 조사가 들어오면 어떻게 해야 하나를 두고 노심초사했다고 한다.

이처럼 독자들의 신뢰를 먹고사는 기사마저 어이없는 허구에 바탕을 둘 때가 있다. 소문을 확인하고 거르고 걸러 진실에 가까운 사실로 쓰인 게 기사라지만, 가끔은 기자들의 특종 욕심이 진실의 눈을 가리는 것이다.

소문은 일단 의심하고 들어야 한다

유력 언론사의 기사도 오보로 판명나 정정보도를 할 때가 있다. 그러므로 항간에 떠도는 소문들이 기사보다 더 많은 오보의 가능성을 안고 있다는 것은 어찌 보면 당연하다.

언론들이 오보의 가능성을 무릅쓰고 단독 입수한 특종기사를 키우듯, 일반인들도 자기만이 아는 사실이나 소문을 확대하는 경향이 있다. 그러다 보면 누군가 선물 받은 은수저가 금송아지로 바뀌고, 단순한 위궤양이 위암으로 바뀌어 멀쩡한 사람을 시한부 인생으로 만들기도 하며, 차 한잔 마셨다가 연애한다는 소문에 휩싸이기도 하는 것이다.

귀를 막을 수는 없는 만큼 소문을 듣는 가장 신중한 방법은 귀에 들어오는 소문을 일단 의심하고 듣는 것이다. 소문에는 묘한 데가 있어서, 사람들로 하여금 귀와 마음을 동시에 열게 만든다. 듣는 즉시 사실로 받아들이고, 그것을 다른 이에게 옮기고 싶은 욕구를 불러일으킨다.

일단 의심하는 자세로 소문에 다가서더라도, 마음은 상당 부분 소문의 유혹에 넘어간다. 그러므로 의심하는 태도가 더욱 필요한 것이다. 한 개인의 사생활이나 평판에 관한 소문에는 그 사람의 존엄성이 걸려 있는 만큼, 역지사지의 심정으로 신중하게 판단해야 한다. 확인되지 않는 소문은 마음에 참고만 하되, 남에게 옮겨선 안 된다.

만약 그 소문을 확인하는 것이 나와 다른 사람의 이익에 큰 영향을 끼치는 것이라면 충분히 확인해야 한다. 그리고 사실로 확인된 소문은 필요한 사람에게는 알리는 것이 좋다.

친한 사이라면 비밀은 지켜진다?

비밀은 없다

"이런 이야기는 하면 안 되는데……."
"사생활이라 말하긴 그렇지만……."
"당신이니까 하는 이야긴데……."

사람들은 이런 이야기를 참 많이 하고, 듣는다. 결국 비밀은 없다. '임금님 귀는 당나귀 귀'라는 설화가 탄생한 것도 고금을 통틀어 비밀을 지키기가 힘들다는 사실을 의미하는 것이다.

특종기사도 그런 것이다. 비밀은 민감한 사안이다. 민감한 사안이므로 이해관계가 다를 수 있다. 그럴 때 누군가 간접적으로나 우회적으로 살짝 실마리만 던져주면, 기자는 특종기사를 만들어내는 것이다.

그러고 나면 누가 비밀을 발설했느냐고 난리가 난다. 어떨 때는 통화 기록까지 대조해가며 누설자를 색출해내려 하기도 한다. 그러나 쉽지가 않다. 비밀은 대부분 우회적으로 전달되기 때문이다.

사람은 마음속에 묻어둔 이야기를 발설해야 스트레스가 풀리는 본성이 있다. 그래서 믿을 만하고 편한 동료나 선후배가 있으면 비밀 이야기를 하고 상담을 구하기도 한다. 상대를 믿으므로 비밀도 지켜줄 것으로 믿는다.

그러나 믿음이 산산이 깨질 때가 있다. 비밀을 전해 들은 이가 일부러 그것을 누설하려고 한 것이 아니라, 대개 다른 이야기를 하는 중에 무심코 이야기를 흘리는 경우가 많다.

필자도 가끔씩 직장 동료가 다른 동료의 비밀스러운 이야기를 무심코 하는 것을 보며 깜짝 놀랄 때가 있다. 그리고 어느 순간, 내가 다른 사람의 비밀스러운 이야기를 무심코 또 다른 이에게 옮기고 있음을 자각하고 소스라칠 때가 있다.

이렇게 서로가 지켜주기로 한 많은 비밀들이 지켜준다는 약속을 하지 않은 다른 사람들에게 무심결에 옮겨지고, 그 다음부터 비밀은 책임감이나 죄책감 없이 더 빠르게 확산되는 것이다.

이면합의는 항상 공개된다

이것은 개인뿐만 아니라 조직 간에도 적용된다. 노사 간에 비밀리에 합의한 '이면합의'는 묘하게도 항상 언론에 공개돼 핫이슈가 된다. 정치 집단들 간의 비밀 합의도 서로 감정 상할 일이 생기면 어김없이 어느 한쪽이 공개해서 야단법석을 피운다. 기사를 안 쓰기로 약속하는 '오프 더 레코드' 상황에서 취재원이 한 말도 시간이 지나면 문제를 일으킬 때가 많다.

세상에 비밀이 없다는 상식을 체험하는 상황이 오는 것이다. 누구나 이런 말이 문제가 될 것이라고 느낀다. 신중하고 용의주도하다고 생각되는 사람들조차도, 어떤 때는 무엇에 씌인 듯 나중에 문제가 될 만한 민감한 비밀을 발설할 때가 있다. 그리고 뒤늦게 이 말은 못 들은 걸로 해달라고 당부하지만, 미세한 구멍이 난 타이어의 공기처럼 모르는 새 다 빠져나간다.

비밀은 정말 운이 좋을 때만 지켜진다는 사실을 직시할 필요가 있다. 내가 무심코 남의 비밀을 누설하는 실수를 하고 있을 때, 남들도 별 생각 없이 나에 대해 그런 실수를 하고 있다는 점을 명심해야 한다.

비밀 누설은 비록 실수일지라도 배신 행위가 아닐 수 없다. 특히, 은연중에 누설된 비밀은 비밀의 주인공으로 하여금 미리 알고 대처할 수 없는 상황으로 내몬다. 다시 말해, 그 주인공은 자신도 모르는 사이에 체면이 크게 깎이거나 불이익을 당할 수 있는 입장에 처하는 것이다.

열 번째 이야기 _ 수양

베푼 만큼 거둔다?

베푼 만큼 거두기 힘들다

아주 오래전에 윗사람으로부터 아주 황당한 취재 지시를 받은 적이 있었다. 죽었다가 살아난 사람을 취재하라는 것이었다. 영화나 미스터리 드라마에서나 나올 법한 이야기를 취재하라니, 그것도 이야기의 성격과 아무 관련도 없는 경제부 기자에게 그런 지시를 내리니, 내심 불쾌하기 짝이 없었다.

그런데 공교롭게도 죽었다가 살아난 사람이 필자의 출입처에서 일하는 국장의 친구란 것이다. 동시에 그 국장은 회생한 사람이 유일하게 연락하는 친구였다. 그리고 취재 지시를 내렸던 윗분은 그 국장의 친구였다. 그러다 보니 '황당 취재'가 애꿎은 필자에게 내려진 것이다.

어쨌든 어렵게 수소문한 끝에 죽었다 살아난 사람과 전화 통화를 하는 데 가까스로 성공했다.

그 사람의 이야기는 이러했다. 그는 사업을 하다 망해서 그 스트레스로 뇌졸중에다 각종 합병증으로 병원에 장기 입원해 있다가 사망했다. 3일장의 마지막 날 장의사가 염을 하던 도중, 기절초풍하게도 죽은 사람이 눈을 떴고 장례식장은 순식간에 아수라장으로 변했다.

죽은 사람이 살아나고 보니 난감한 일이 한두 가지가 아니었다. 우선 사망진단을 내렸던 병원 측이 난처하게 됐다. 멀쩡한 사람에게 사망 판정을 내렸으니, 소문이 나면 병원의 신뢰도가 땅에 떨어질 게 분명했다. 살아난 사람도 마찬가지였다. 죽기 전에 남겨놓은 수많은 채무를 다시 갚아야 했던 것이다.

서로가 조용히 넘어가는 게 신상에 좋다고 판단했고, 죽다 살아난 해프닝은 조용히 수습됐다. 그리고 사지에서 되돌아온 그분은 한적한 시골에서 공식적으로는 사망한 채로 조용히 살고 있었던 것이다. 그는 이색 경험을 계기로 체득한 세상인심을 이렇게 표현했다.

"죽어보니까 세상인심을 알겠더라고요. 내가 친구들 경조사에 그렇게 많이 다니고 헌신했는데, 영안실 방명록을 보니까 내 장례식에 마땅히 올 거라고 생각했던 사람들이 절반도 안 왔더군요. 그리고 방문한 사람들도 내가 냈던 경조사비의 절반도 안 되는 금액을 냈더라고요. 베푼 만큼 받는 게 아니더군요."

정승집 개가 죽으면 조문객이 문전성시를 이루지만, 정작 정승이 죽으면 장례식장에 파리만 날린다는 속담이 정확히 맞아떨어진 것이다.

베푸는 행복감도 크게 돌려받는 것

사람들은 대개 내가 하는 만큼 남들도 내게 해줄 것으로 기대한다. 오히려 내가 해준 것에 조금 더 보태서 남이 나에게 보답할 것으로 생각하는 경향이 있다. 하지만 그것은 '내 맘'일 뿐이다.

실상은 그 반대일 때가 많다. 받은 사람이 깜빡하고 놓쳤을 수도 있을 것이고, 형편이 안 돼 적게 되돌려줄 수도 있을 것이며, 앞서 말했듯이 '준 것은 크게, 받은 것은 작게' 생각하는 스스로의 마음 때문일 수도 있다.

미국에 있는 친구 중에 정이 많은 이가 한 명 있다. 그 친구는 다정다감하고 친구들에게 베풀기를 무척 좋아한다. 항상 먼저 친구들에게 안부를 묻고, 친구들을 성심성의껏 도와주며, 친구들과 주변 사람들을 초대해 대접하기를 좋아했다.

하지만 지켜보는 친구의 와이프는 속이 편치 못했다. 준 것의 절반도 되돌려받지 못하면서 항상 짝사랑만 한다는 것이다. 필자가 생각해도 충분히 이해가 되는 불평이었다. 그 친구는 그 불평에 이렇게 답했다.

"그래도 나는 그게 편하고 좋아."

가장 큰 행복감은 이타적 행위에서 나온다는 글을 읽은 적이 있다. 이를 입증하듯 어떤 조사에서는 봉사나 기부 등 이타적 행위를 실천하는 이들의 행복감이 그렇지 않은 사람들의 행복감보다 10%는 더 높다는 것을 보여준다. 크게 성공한 이들이 엄청난 부와 명예를 옆에 두고도 정신적 공허감에 시달리다가, 어느 순간 남에게 베풀고 봉사하는 것에서 참다운 행복을 느끼는 사례도 그런 이유일 것이다.

남에게 무언가를 베풀 수 있는 능력에 감사하고, 그를 통해 행복감이 10% 높아지는 것을 생각하면, 행여 준 것만큼 돌려받지 못하더라도 행복할 수 있지 않을까.

자수성가한 이들은 배울 점이 많다?

자수성가는 때로 아집과 편견을 만든다

사람을 만나면서 가장 대하기 힘든 유형 가운데 하나가 이른바 자수성가형인 듯싶다. 이런 사람들은 자신의 무용담 위에 자신과 다른 사람을 평가하는 잣대를 세운다.

다시 말해, 소설 같은 어려움 속에서도 풍파를 겪고 당당히 성공한 자신의 능력을 자랑스러워하고, 앞으로도 자신이 그렇게 하기 위해 노력할 것이며, 자신만큼 강하지 못한 사람은 경멸하는 경향이 많다.

자수성가형 성공인들은 다른 이들이 어려워하는 일을 하찮게 생각하고, 그만한 일로 쩔쩔매는 상대방을 측은하게 생각한다. "나 같으면 눈도 꿈쩍 안 할 일로 저렇게 걱정하다니. 사람은 역시 고생을 해봐야 돼."

이제는 돌아가셨지만, 국내 유수의 대기업 회장 가운데 이런 분이 계셨다. 가난한 농부의 아들로 태어나 미군부대의 하우스 보이로 전전한 끝에 마침내 40대 중반에 큰 꿈을 이룬 이분은 아침이면 출근해서 회사 화장실을 한 바퀴 돈다.

아침 화장실 풍경은 대개 비슷하다. 직원들은 상하를 불문하고 신문을 갖고 들어가 짧으면 5분, 길면 20~30분 동안 편한 마음으로 그날의 대소사를 점검한다. 이때 밖에서 회장님의 진노한 목소리가 들려온다.

"야, 이 도둑놈들아, 똥은 집에서 누고 오지, 회사에 와서 시간 낭비하고 물 낭비하냐? 이 도둑놈들, 빨리 나오지 못해?"

간 큰 직원들은 회장님이 '또 한 바퀴 도시는구나' 하고 생각하며 그냥 눌러앉아 있지만, 대부분은 한 달에 한두 번씩 벌어지는 이런 해프닝에 기겁하고 바지도 제대로 추스르지 못한 채 엉거주춤 뛰어나온다.

화장실 가는 시간도 아까워하며 열심히 살아온 회장님의 입장에선 훨씬 좋은 환경에서 편하게 일하고 많은 월급을 받으면서, 양변기에 앉아 신문을 보며 죽치고 있는 직원들이 한없이 못마땅했던 것이다. 나아가 그에 대한 분노가 자신이 데리고 있는 직원들을 '도둑'으로 보이게 만들었을 법도 하다.

이렇게 크게 성공한 사람이 아니더라도 소싯적에 고생이 많았던 성공인들에게 이런 자수성가형 아집들이 많다.

고아로 자라 식당을 제법 크게 하시는 분이 있다. 이분의 집에 초대받아 대문에 들어서며 크게 놀란 것이 하나 있었다. 현관에 붉은 글씨로 북한 노동당 휘호를 연상시킬 만한 힘찬 필체로, '스스로 살아가는 사람이 되자' 라고 써놓은 것이다.

그리고 저녁시간 내내 자신의 극적인 성공담을 장황하게 늘어놓았다. 고아원에서 뛰쳐나와 트럭 조수를 하며 매일 운전사에게 펜치로 맞아 레슬러 김일 선수처럼 이마에 굳은살이 배긴 이야기, 월급을 모아 리어카를 사서 군밤장수를 하며 돈을 모았던 이야기, 군밤장수를 하다 부산의 동네 양아치들에게 끌려가 맞아 죽을 뻔했던 이야기 등등 그의 이야기는 끝없이 이어졌다.

그런데 식탁에 있던 그의 부인과 자식들은 식상한 표정을 지었다. 잠시 후 부인만 남고 고등학생, 대학생, 회사원이던 세 자녀는 갖가지 핑계를 대고는 식탁을 떠나는 것이었다.

나중에 알고 보니 그분은 자신이 살아온 만큼의 가혹함을 자신의 가족들에게 강요하고 있었다. 고등학생인 딸이 학원을 다니겠다고 하면, "아버지는 초등학교도 제대로 못 나와도 이렇게 성공했다. 학교 다니는 것도 고맙게 생각해 학원은 무슨 학원"이라며 핀잔을 주었다. 매사가 이런 식이었다.

큰아들은 아버지의 가혹함 때문에 파혼까지 당했다. 열심히 공부한 덕에 좋은 대학을 나오고 좋은 직장에 들어가 괜찮은 신붓감을 만났지만, 신혼 전셋집도 벌어서 구하라는 아버지의 냉혹한 지침 때문에 예비 처가 쪽과 싸움이 난 것이 화근이었다.

자수성가를 했지만 자신의 틀 속에 갇혀 벗어나지 못하고 그것을 또 다른 사람에게 강요하는 사람들을 멀리서 지켜본 사람들은 어렵게 성공한 그를 역할모델로 삼고 존경할지 모르지만, 이런 사람들은 스스로 더 이상 성공하지 못하게 만드는 족쇄를 차고 있는 셈이다.

자수성가형 함정에서 벗어나기

반대로 자수성가를 했으면서도 그릇이 큰 사람이 있다. 이런 사람은 고생 끝에 '자산' 뿐만 아니라 '마음'도 늘린 사람들이다.

유통업을 하면서 크게 성공한 한 분은 자신의 회사에 대기업 못지않은 복지 환경을 제공했다. 직원들이 어학연수나 대학원 공부를 하고 싶다면 얼마든지 지원해주고, 사무실 건물 안에 탁구장과 당구대같이 직원들이 스트레스를 풀 수 있는 레저 공간도 마련해놓았다.

사립대에 다니는 아들의 학교에 수시로 수억 원씩 기부하는가 하면, 자식들이 원하는 것이 옳다면 무엇이든 지원을 아끼지 않는다.

그는 언젠가 이렇게 말한 적이 있다.

"고생 끝에 성공하니까, 어느 땐가 남들에게 가혹한 내 자신을 발견하게 되더군요. 나도 피곤하고 남들도 피곤하게 한 겁니다."

자수성가의 틀 안에서 생각하고 주위를 평가하던 그는 생각을 바꾸었다.

"성공으로 가는 길이 얼마나 많겠습니까? 나는 그중에 한 길을 걸어온 거죠. 자식이나 다른 사람들에겐 나보다 더 좋은 성장 환경을 만들어주고, 그래서 나보다 더 나은 사람이 되도록 후원해주고 싶습니다."

그는 자수성가의 함정에서 벗어남으로써 자신과 타인이 더 큰 목표를 이룰 수 있는 방법을 선택한 것이다. 이런 사람들은 다른 이들에게 진정한 조력자가 되면서도 자신의 모진 성공담 가운데 '모진' 부분만

빼버리고 성공 기법을 가르쳐주며, 주변 사람들과 성공의 수레바퀴를 함께 돌려서 나아간다.

이처럼 자수성가를 통해 심신이 성장한 사람들은 진정으로 고통과 기쁨을 안다. 이성으로 깨달은 것이 아니라 체험으로 느꼈기 때문이다. 수많은 사람들을 만나면서 느낀 것 가운데 하나가 겉으로 전혀 고생한 흔적이 보이지 않는 성공인들이 강렬한 향기를 풍긴다는 것이다.

그릇이 크고, 너그럽고, 관용과 이해심을 갖춘 사람이 알고 보니 소설 같은 어려움을 겪은 사람임을 알았을 때 그에 대한 존경심은 한없이 커진다.

위기의 순간에 하는 칭찬은
성인이나 가능하다?

위기의 순간에 비난하면 공멸 초래

섬뜩하면서도 묘한 꿈을 꾼 적이 있었다. 지난 1999년 수도권 북부 일대에 엄청난 폭우가 내려 수백 명의 사상자와 수천억 원의 재산 피해를 낸 적이 있었는데, 그즈음의 이야기다. 일기예보에 폭우가 내린다는 예보가 있기 전날 꿈을 꿨는데, 그 꿈에서 기분 나쁘게도 필자가 죽는 꿈을 꾸었다.

그것도 선명한 컬러 영상이었는데, 대학생 때 즐겨 입었던 트레이닝복과 뿔테 안경을 쓰고 어느 산기슭 절개지에 반듯이 누워 죽어 있는 모습이었다. 그리고 화장터로 향하는 동안, 그 옆에서 직업정신을 가진 또 다른 내가 죽음의 원인을 분석하던 중 잠에서 깼던 것이다.

다음 날, 잠이 깨고도 찜찜한 마음을 누를 길이 없었다. 수도권 폭우 예보에도 불구하고 비가 덜 온다는 경북의 백암온천으로 가족은 물론 친지 두 분까지 모시고 여름휴가를 떠나기로 했기 때문이다.

아침 일찍 전화 벨소리가 울렸다. 같이 가기로 한 친지의 전화였다. 어두운 마음을 애써 감추며 "남쪽에는 비가 별로 안 온다고 하니, 휴가에는 별 지장 없을 것 같습니다. 그냥 출발하시죠"라고 말했다.

당시 중앙고속도로가 개통되기 전이라 서울에서 백암온천으로 가는 길은 단양과 소백산 줄기, 봉화 일대를 거쳐서 가는 험한 길이었다. 불길한 마음을 애써 억누르며 승합차를 끌고 출발했다. 그런데 원주 부근에 이르자 앞이 보이지 않을 정도로 폭우가 내리기 시작했다. 남쪽으로 내려갈수록 비가 덜 올 것이라 기대가 여지없이 깨진 것이다.

이제부터 험준한 산길인데……. 불안감을 애써 억누르며 소백산에 접어들었다. 그런데 이게 웬일인가? 꿈에서 필자가 죽어서 누워 있던 산과 절개지의 모습이 그대로 나타나기 시작했다. 오금이 저렸다. 라디오를 켜니 수도권 일대가 벌써 물바다가 되고 사망자와 실종자가 수십 명에 이른다는 뉴스가 이어졌다.

산이 깊어질수록 빗줄기가 강해지면서 언덕에서 흘러내린 황톳물이 바퀴를 강타하는 느낌이 차내로 전해지기 시작했다. 그리고 군데군데 작은 산사태가 일어나는 것이 목격됐다.

차 안에 있던 가족들과 친지들은 사색이 됐다. 그런 와중에 함께 온 친지 한 분이 버럭 소리를 지르며 화를 냈다.

"내가 따라오지 말았어야 했는데, 내가 뭐랬어? 가지 말자고 했지?

괜히 따라나섰다가 제 명에 못 죽게 됐네."

끊임없이 이어지는 불평은 꿈과 날씨 때문에 불안해하던 필자의 마음을 갈기갈기 찢어놨다.

불안감에다 분노까지 더해져 그 친지에게 "언제 가지 말자고 그랬냐"며 비난의 목소리를 높였다. 악천후에다 운전은 더 거칠어졌고, 그 와중에 차량은 커다란 물웅덩이로 변해버린 산악도로 바로 앞에서 멈췄다. 이 길이 지름길인데, 돌아갈 것인가 그냥 치고 나갈 것인가를 생각하던 중 홧김에 웅덩이를 지나쳐 가고 싶은 충동이 일었다.

그때 다른 친지 한 분이 말씀하셨다. "그만하세요. 이런 악천후 속에서 이만큼 무사히 온 것만도 얼마나 다행입니까? 조심스럽게 운전한 덕분입니다. 이제 얼마 남지 않았으니까 조금만 힘냅시다."

그 말에 다시 침착해진 필자는 차를 돌려 안전한 길을 통해 목적지에 다다를 수 있었다. 싸운 친지와는 뒤늦게 화해를 했다. 다음날 새벽에 뉴스를 보니, 우리가 지나치려 했던 그 지름길에서 차량 두 대가 사고를 당해 7명이 숨지는 사고가 있었던 사실을 알게 됐다. 다들 얼마나 가슴을 쓸어내렸는지 모른다.

죽는 꿈이 길몽이라 그 때문에 살았다는 해몽까지 있었지만, 결국 우리의 목숨이 위태로워진 것은 위기의 순간에 서로를 비난했기 때문이었고, 목숨을 살린 것은 그 순간에 서로를 칭찬하고 격려한 덕분이었다.

위기에서도 칭찬할 수 있는 조직이 가장 강한 조직

침몰의 위기에 몰린 배에서 선장을 비난하는 것은 아무 도움이 되지 않는다. 설령 선장이 배를 잘못 인도해서 생긴 결과라고 할지라도, 그 순간에는 다 함께 힘을 합쳐 어떻게 사지에서 벗어날 것인지를 모색해야 한다. 그리고 살 길을 찾는 첫 단계는 구성원들이 서로를 격려하고 칭찬해주는 것이다.

자기가 근무하는 부서나 회사에 큰 위기가 닥치면 사람들은 대개 위기를 초래한 당사자를 찾아내 희생양으로 만들고, 책임에서 벗어나려 한다. 그러나 회사가 무너지는 마당에 책임소재가 무슨 의미가 있을까? 위기의 순간에 서로를 칭찬하며 힘을 모을 수 있는 조직이 생존력이 강한 조직일 것이다.

남을 도울 때도 따질 것은 따져야 한다?

따지는 것은 빠져나가기 위한 명분 찾기다

남을 도울 때 가장 좋은 모양새는 어떤 것일까? 손해는 전혀 없으면서 남을 도울 수 있다면 참 좋을 것이다.

그러나 대개의 경우 남을 도우려면 어느 정도 손해를 감수하지 않으면 안 된다. 그렇기 때문에 남을 돕기가 쉽지 않은 것이다. 특히 금전적인 문제는 더욱 그렇다.

돕기가 부담스러울 때, 빠져나가기 위해 대개 사람들은 명분을 찾는다. 도울 필요가 없는 이유를 나열하는 것이다.

"몸이 성하니 뭘 해도 먹고살 수 있다." "젊음이 재산인데, 한번 실패가 대수냐." "자기가 잘못해서 그런 건데 스스로 책임져야지." "알고 보니 투기하다 그랬다면서?" "자꾸 도와주면 자립심이 사라져."

남을 돕기가 싫을 때 내세우는 명분은 많기고 하고, 또 그럴듯하기도 하다.

후회되는 일이 하나 있다. 선생님 중에 한 분이 교직생활 수십 년 만에 아파트 한 채를 운 좋게 분양받았는데, 워낙 가난하게 살다 보니 중도금을 낼 형편이 못 돼 분양받은 집을 포기하기에 이르자 제자들에게 도움을 청했다. 연락을 받은 친구들이 난감해하며 필자에게 고민을 토로했다. 개중에 몇 명은 벌써 금전적인 도움을 줬다는 친구도 있었다.

다들 빠듯한 형편인데도 선생님의 요청을 외면하기가 어려웠던 것이다. 어떻게 할 거냐는 친구들의 물음에 필자는 도움을 줄 수 없는 이유를 나열했다.

애초에 형편이 안 되는 걸 알면서 왜 아파트를 분양받았으며, 또 제자들에게 금전적인 도움을 요청한 자체가 용납이 안 된다는 이유를 들었다. 나중에라도 선생님에게 빌려준 돈을 갚으라고 말할 수가 없는 제자들의 입장을 알면서도 그랬다는 것은 교육자로서의 자세가 아니라는 말도 했다.

도움을 거부하는 빌미로 상대의 실수를 거론하지 말라

다른 사람이 도움을 청할 때, 그 원인을 따져서 도움을 주려 한다면 도와줄 수 있는 일이 얼마나 될까? 주식하다 망해서 입에 풀칠하기 어렵다고 한다면 도와주지 않아야 하나? 부동산 투기하다 사기당해서 파산했으면 도움을 받을 자격이 없는 것일까? 이유가 어찌 됐든 도움을 원하는 사람은 그만큼 절박하기 때문에 모든 체면을 버리고 도움을 청한 것이다.

도움을 줄 것인지 여부를 결정할 때는 현재의 상태, 즉 결과를 살펴보는 것이 인간적으로 보인다. 도움을 요구하는 상황에 이른 동기가 좋지 않다며 도움을 외면하는 것은 좋은 변명이 될지는 모르지만 마음은 편하지 않다. 차라리 형편이 힘들어서 돕기가 힘들다고 말하는 편이 훨씬 낫다.

약점을 정확히 짚어줘야
역경 극복에 도움이 된다?

입바른 위로는 상처를 곪게 한다

살다 보면 위로할 일이 많다. 시험이나 승진에서 떨어졌을 때, 상을 당했을 때, 큰 병에 걸렸을 때, 위로하고 위로받으면서 인간관계도 돈독해진다.

그런데 위로를 하면서 자신도 모르게 실수하는 것이 하나 있다. 상대가 시련을 이기고 재기하라는 의미에서 상대의 단점을 알려주며 그것만 극복하면 잘될 것이라고 말하는 것이다. 특히 스스로가 현명하다고 생각하는 사람들이 이런 실수를 자주 저지른다.

신도들 간에 유대가 돈독한 교회 식구들이 있었다. 그 가운데 한 가정의 젊은 가장이 위암에 걸렸다. 교회 식구들은 걱정스러운 마음에 수시로 그 환자의 집을 방문해서 치유를 기도하고 위로했다.

암은 초기 단계였고, 교회 식구들의 간절한 기도 덕분인지 그 젊은 가장은 오래지 않아 회복되어 그 가정에 다시 행복이 찾아왔다. 교회 식구들은 그 가정에서 치유에 대한 감사예배를 드렸다. 그 자리에서 젊은 가장은 마음속에 담아둔 뜻밖의 이야기를 꺼냈다.

죽음을 앞둔 절박한 심정이 돼보니, 상대가 해주는 위로가 대부분 오히려 아픔이 되더라는 것이었다. 그리고 어떻게 위로해야 아픈 사람이 위로받는가를 역지사지로 알겠더라고 말했다. 그는 자신이 병상에 누워 있을 때 위로차 찾아온 사람들이 이렇게 말했다고 했다.

"성경에 보면 병은 죄에서 비롯된 것이랍니다. 집사님 마음속에 있는 죄를 빨리 회개하세요. 그러면 병이 모두 도망갈 거예요. 숨겨둔 죄를 회개하고 승리하세요."

"평소에 자극적인 음식을 좋아하셨잖아요. 항상 맵고 짠 걸 드시지 말라고 그랬잖습니까. 그때 조심하셨으면 좋았을걸."

모두 맞는 말이지만, 이런 위로는 아픔을 위로해주는 게 아니라 더 아프게 하더란 것이 암에서 회복된 가장의 이야기였다.

힘들 때는 '무조건' 위로가 낫다

상대의 약점을 꼬집을 때는 상대가 좋은 상황일 때 해야 한다. 한창 잘나갈 때 "다 좋은데 이것만 고치면 더 좋을 텐데"라고 말하면, 상대방이 다소 불쾌해하더라도 한편으로는 스스로 문제가 있는지 반성하고 개선하려 할 것이다.

반대로 상황이 좋지 않을 때에는 편안하게 위로해야 한다. 아픈 사람에게는 "여기 의료진이 훌륭하니까 금방 나으실 거예요"라든가, "암이 초기라 얼마나 다행입니까. 몇 달 뒤에 회사에서 뵙겠네요"라든가, "병이 나으시기를 진심으로 기도하겠습니다"라는 식의 위로가 훨씬 낫다.

아프고 힘든 상대에게는 빈말로라도 용기를 주고 영양을 주는 말을 해야 한다. 상처로 고통 받는 사람에게 입바른 소리는 가시가 되고 채찍이 된다. 옳은 말도 때로는 역경 극복의 의지를 꺾는 암초가 된다는 사실을 염두에 두어야 한다.

인색해야 재물을 모은다?

인색함은 관계의 단절을 초래한다

'굳은 땅에 물이 고인다'는 속담이 있다. 절약하며 아끼고 살아야 재물이 모인다는 뜻이다.

버는 것보다 쓰는 것이 적으면 돈이 모인다는 것은 경제학을 운운하기 이전에 만고의 진리다. 그런데도 돈을 모으지 못하는 것은 그것이 생각처럼 간단치 않기 때문이다. 남들보다 더 시키진 못하지만 애들 학원도 보내야 하고, 적은 돈이라도 경조사는 챙겨야 한다. 남들 두 번 외식할 때 한 번은 외식도 해야 한다.

그러다 보면 모으기는커녕 항상 빠듯하다. 하지만 이런 것을 아예 외면하고 사는 사람들도 있다. 여간 비장한 각오가 아니면 안 되지만, 악착같이 모은 뒤에 나중에 '사람 구실'을 하겠다고 작심한 사람들이다.

예전에 필자가 전세 살던 다가구주택 옆집에 택시 기사 한 분이 살았다. 그는 악착같은 사람이었다. 그는 자신의 생활방식을 자랑스러워했다. 지방에서 무일푼으로 상경해, 남들보다 안 쓰고 안 입고 안 먹고 모은 끝에 괜찮은 동네에 다가구주택 한 동을 지어 전세를 주는 데 성공했다.

그는 집주인으로서 세입자들을 자기 집에 불러 자신을 본받으라고 강조했다. 사람 구실은 못하더라도 아끼고 절약해야 '나처럼' 된다는 것이었다. 그는 자신의 아내가 20년 동안 몸빼 몇 벌로 버틴 것을 자랑스러워했고, 남이 쓰다 버린 화장품을 주워 물에 타서 발랐다는 무용담을 전했다.

살 만해진 어느 해 외동아들의 결혼식이 있었다. 그런데 참 민망한 일이 생겼다. 결혼식장에 신부의 하객은 발 디딜 틈 없이 모여든 반면, 자신의 하객들은 열 손가락에 꼽을 정도로 형편없이 적었다.

사돈댁에 부끄러울 따름이었다. 돈이 든다며 지인들의 경조사를 외면한 결과였다. 그리고 두 해가 흘렀다. 어느 날 배가 아프다며 병원에 간 아내가 위암 말기라는 판정을 받았다. 몇 년 전부터 소화가 안 된다고 호소했지만, 돈이 들까 봐 병원에 안 가고 소화제로 고통을 달랜 결과였다.

두 달 뒤 아내가 세상을 떠나고 50대 중반의 이 택시기사 아저씨는 외로움을 달랠 친구를 찾았지만, 함께 해줄 친구도 없었다. 요즘 그는 세입자들을 불러 '사람 구실' 하면서 살라고 당부한다고 한다.

이렇게 개인적인 인색함은 관계의 단절을 초래하지만, 큰 조직의 인색함은 때로는 인재를 떠나게 하는 촉발제가 되기도 한다.

국내 굴지의 대기업에서 연초에 회장님 신년사가 흘러나왔다.

"여러분 좋은 연구로 큰 실적을 올리는 직원에게는 올해부터 개인에게 무려 '1천만 원'의 인센티브를 제공하겠습니다."

그리고 그해에 정말 좋은 연구가 나와 회사의 매출을 높이는 데 크게 기여했다. 그런데 '1천만 원'을 받은 뛰어난 연구원들은 모조리 경쟁사로 자리를 옮겼다. 경쟁사에서는 비슷한 연구 실적을 올릴 경우 10억 원을 주겠다고 제의했기 때문이다.

수천억 원의 매출에 기여한 연구원에게 1천만 원의 인센티브는 오히려 박탈감과 자괴감만 안겨줄 뿐이다. 요즘같이 실적을 중시하고 그 실적에 따라 수십억 원의 인센티브가 경쟁시대의 선물로 여겨지는 시대에 인색한 인센티브는 인재를 떠나게 했고, 그 기업은 여전히 만년 2등에서 벗어나지 못하고 있다.

적당한 때 쓰지 않으면 영원히 쓸 기회를 잃는다

인색한 사람들은 때가 되면 쓰겠다는 포부를 가지고 있다. 그런데 세상일이란 때를 놓치면 기회가 없다. 나중에 하겠다고 하지만 정작 나중이 되면 그것이 필요 없을 때가 많다.

사망자가 많은 대형 사고가 나면 언론에 갖가지 가슴 아픈 사연들이 뜬다. 그중에서 우리 시대 서민들의 빠지지 않는 사연 하나를 들라면 '살 만하니까 죽는다'라는 것이다.

그렇게 고생하고 이만큼 모았는데, 이제 누리려 하니 저세상 사람이 된 것이다.

인색한 삶이 어느 정도의 부를 가져다줄지는 모르지만 많은 희생을 각오해야 한다. 관계의 단절에 따른 외로운 삶을 수용해야 하는 것이다. 그리고 누릴 수 있을 때 못 누리면 영원히 누릴 수 없다는 것을 뒤늦게 깨닫게 된다. 궁색함을 이기기 위해 모든 것을 단절하는 것은 위험한 삶이다. 절약은 미덕이지만, 인색함은 병이 되는 것이다.

경험하지 않아도 알 것은 다 안다?

경험은 이성보다 훨씬 강하다

자신이 해보지도 않았으면서, 세상은 그런 것이라며 세상 이치를 다 아는 듯이 구는 사람들이 있다. 그들은 구태여 경험하지 않더라도 세상의 기쁨과 고통은 이성으로 알 수 있는 것이라고 생각한다.

그러나 살다 보면 알긴 아는데도 겪어보고서야 그것의 의미와 실체를 절실하게 느끼는 것들이 많다. 특별한 것이 아니라 일상적인 것들이 그렇다.

출생, 결혼, 고부 간의 갈등, 죽음 등 우리가 통과의례로 거치는 수많은 일들은 항상 벌어지고 있고, 또 그것을 본다. 그래서 어떤 것인지를 이성적으로 알고 있는데도, 직접 겪어보면 그 충격은 전혀 다른 느낌으로 다가온다.

　미혼인 사람이 남의 집 아이가 아픈 것을 보고 참 안됐다고 느끼는 것과 아이를 낳고 기르는 부모 입장에서 남의 집 아이가 아픈 것을 바라보는 느낌은 크게 다르다. 더구나 아픈 아이를 기르는 부모가 느끼는 것은 또 다른 법이다.

　잊을 만하면 한 번씩 나오는 뉴스 가운데 치매에 걸린 노인을 요양원이나 낯선 곳에 버리는 '불효막심' 한 사례가 있다.

　사람들은 자신이 가진 도덕률과 양심적인 판단 아래 "어떻게 그럴 수 있냐"며 전후사정도 생각하지 않고 그 일을 저지른 자녀를 매도한다.

　필자는 치매가 어떤 것인지 겪어본 적이 있다. 집안이 기울어 온 가족이 뿔뿔이 흩어져 있을 즈음, 설상가상으로 구순을 넘긴 증조할머니가 치매에 걸리신 것이다.

　할머니와 어머니가 어려운 환경 가운데서도 정성으로 증조할머니를 수발했지만, 병세가 나아지지 않았다. 제대 후에 돌아온 집은 만신창이였다. 경제적으로도 파탄 지경이었지만, 증조할머니의 치매로 가족들은 심신마저 피폐해져 있었다.

　반년 가까이 옆에서 겪어본 치매는 상상을 초월하는 것이었다. 차라리 군대생활이 백 배 나았다. 대소변을 가리지 못해 온 집안이 악취와 벌레로 가득 차고, 10분 간격으로 화장실에 가자는 성화에 가족들은 불면증에 걸렸다. 겨울이면 온 가족의 손등이 찬물 빨래로 피가 터졌고, 수발을 위해 모든 대인관계도 끊어야 했다.

　필자는 그때 생긴 불면증 때문에 1년여를 고생했다. 옆에서 할머니와 어머니를 돕는 역할을 했을 뿐인데도 치매는 그만큼 사람들을 고통스럽게 했다.

겪어보지 않은 세상 사람들은 "그래도 그렇지, 어떻게 부모를 내다 버릴 수 있어?"라고 말한다. 하지만 겪어본 사람들은 자신 있게 그런 이야기를 할 수가 없다. 실제로 그렇게 하지는 못했지만, 순간순간 그런 생각이 드는 때도 있었으니까.

경험은 위로의 무게도 다르게 만든다

경험하지 않은 기쁨, 경험하지 않은 고통, 경험하지 않은 슬픔을 아는 듯이 말하고 행동하는 것은 이성과 지식에 대한 과신이며 교만이다.

그것은 흑백사진만 보고 장미가 검정색이라고 말하는 것과 비슷하다. 그런 말과 행동은 상대에게 기쁨을 줄진 몰라도 슬픔을 덜어주진 못한다.

언젠가 자폐아를 둔 지인은 이런 말을 한 적이 있다. 자신의 사정을 알게 된 사람들이 의례적인 말로 "요즘은 치료 방법이 좋은 게 많이 있으니까 금방 좋아질 거예요. 힘들더라도 조금만 참으세요" 하고 말하면, 위로가 되기보단 짜증이 난다고 했다.

고생의 한가운데 있는 사람에게는 '좋아질 것'이라는 위로가 수많은 인파 속에서 만나는 의미 없는 미소에 불과한 것이다. 그러나 자폐증을 앓는 자녀를 둔 다른 부모가 위로를 던지면 위안이 되고, 새 치료법이 나왔다고 말해주면 믿음직한 정보가 된다.

경험은 인간관계의 깊이도 다르게 만들어주는 것이다. 가난이든 병이든 가족 간의 갈등이든, 그것을 겪어본 사람만이 상대가 겪는 고통의 깊이를 가늠할 수 있다.

고통의 무게와 느낌은 사람마다 비슷하다?

같은 고통도 사람마다 느끼는 무게는 전혀 다르다

언젠가 한 재벌 회장의 딸이 미국 유학 중에 자살한 사건이 있었다. 그 기사를 두고 인터넷에서는 재벌 집안에 대한 흥미를 떠나 가슴 아픈 이야기라며 그녀의 죽음을 안타까워한 글이 많았다.

하지만 그에 못지않게 "역시 고생을 안 해보니까 그런 사소한 일에 목숨을 내놓았다"며 혀를 차는 이들도 있었다. 자살 자체는 용납할 수 없는 것이지만 얼마나 힘들었으면 그랬을까 하는 동정론과 재벌 딸의 지나친 유약함을 질타하는 목소리가 팽팽히 맞선 것이다.

재벌 딸은 고생을 안 해봤기 때문에 작은 충격을 견디지 못하고 자살을 선택한 것일까?

사람들은 누구나 자신의 잣대로 상대를 평가한다. "내가 볼 때는 그럴 만한 사안이 아니다" "내가 볼 때는 그 정도 했으면 잘했다"는 등 자신의 경험과 가치관을 토대로 남을 평가하는 것이다.

살면서 겪게 되는 많은 고통에 대해서도 그렇다. 남들이 고통 끝에 내린 결정에 대해 '나 같으면 그렇게 안 했을 것'으로 생각하는 일들이 많다. 이별이나 이직, 또는 목적에 대한 포기나 심지어는 자살에 이르기까지 말이다.

고통의 무게와 그것에 대한 느낌이 모두 같은 색깔을 지녔다면, 우리는 자신도 남도 평가하고 진단하기가 무척 쉬울 것이다. 왜냐하면 두 끼 굶는 배고픔의 고통은 모든 사람에게 똑같은 느낌을 줄 것이기 때문이다.

하지만 수많은 사람들이 제각기 자신의 잣대로 다른 사람들을 평가하듯, 평가를 당하는 수많은 사람들도 제각기 다른 경험과 가치관을 갖고 있다. 달리 말하면, 모든 사람들에게 맞는 잣대란 건 없다는 이야기다.

연애를 많이 해본 사람에게 이별은 또 하나의 과정일지 모르지만, 첫사랑에 실패한 이에게는 세상의 막다른 곳이 될 것이다. 한두 끼 굶는 것이 가난한 이에게는 운 나쁜 일이 될지 모르지만, 배고픔을 몰랐던 부자에게는 하늘이 노래지는 고통이 될 것이다.

내 기준에서 남의 유약함을 비판하지 말라

같은 고통에도 사람마다 느끼는 마음의 상처는 그 크기가 전혀 다르다. "부잣집 아이라서 그렇다", "재벌 딸이기 때문에 그렇다"는 말은 맞을지 모르지만, 그렇다고 당사자가 느낀 고통이 별것 아닌 것은 전혀 아니란 말이다.

사람에 따라선 작은 충격을 작게 느끼기도 하고, 작은 충격을 크게 느끼기도 한다. 살아온 경험에 의한 것이든 성격 때문이든, 엄연하게 존재하는 차이인 것이다.

인간의 신체에 가해지는 똑같은 크기의 물리적 자극에 대한 고통도 남녀, 연령, 개인마다 다르게 느낀다고 과학자들은 이야기한다. 하물며 같은 것이 하나도 없는 마음에 가해지는 고통의 느낌이 사람마다 다르다는 건 당연한 일이다.

그러기에 다른 이가 고통에 따른 어려운 결정을 내렸을 때, 그것이 자살처럼 극단적인 상황이어서는 안 되겠지만 그것을 함부로 비난하는 것은 옳지 않다. 맘에 안 들더라도, 그럴 만한 사정이 있을 것이라고 생각하는 편이 바람직해 보인다.

참된 우정은 영원히 변치 않는다?

친구 간의 우정도 형편이 비슷해야 지속된다

나이가 들어갈수록 우정에 대해 많은 생각이 든다. 바쁘다는 핑계로, 또는 실제로 바빠서 만나지 못했던 친구들도 불혹을 넘어서면서 불현듯 만나고 싶고, 많은 이야기를 털어놓고 싶고, 의지하고 싶은 게 남자들의 심리다. 가정적으로 여유도 생기고, 직장 내에서도 시간을 컨트롤할 수 있는 입장에 놓이기 때문이리라.

생물학적으로 남자는 30대 후반부터 여성호르몬이 많이 나오고 여자는 남성호르몬이 많이 나와 양쪽의 성격이 뒤바뀌어 남자들이 외로움을 많이 타고 감성적으로 변해서 그렇다고들 하는데, 그것도 그럴 법하다.

기억이란 참 무서운 것이다. 헤어진 지 30년이 지난 친구까지 기억이 생생하니 말이다. 지금도 초등학교 2학년 때 단짝이었던 그 친구를 잊을 수가 없다. 옆집에 살면서 좋은 일이든 싫은 일이든 항상 함께했던 단짝 친구. 어떤 때는 엄마보다도 더 좋다고 생각했던 친구였다.

하지만 어렴풋이 떠오르는 어린 모습으로는 지금 만나면 알아보지 못할 것 같다. 그 친구는 필자를 가끔 TV에서 봤으니 생경함이 덜할 것이다.

강산이 세 번도 넘게 변했다지만, 그 좋았던 관계와 더불어 가슴 깊이 미안한 마음이 여전히 남아 있다.

당시 반장을 맡았던 필자는 장난이 무척 심했다. 매사에 모범을 보여야 마땅했지만, 청소 도중 친구들과 '칼싸움'을 하다 유리창을 몇 장 깼다. 그때 담임선생님이 참 무서운 분이었다. 미안한 이야기지만, 영화에 나오는 것처럼 무서우면서도 속정이 깊은 분이 아니라 무섭고 가혹하기만 한 분이었다. 다가올 상황을 생각하니 눈앞이 캄캄했다. 선생님이 들어오셨고, 눈에서 불꽃이 튀셨다.

"누가 깼어? 당장 나와. 안 나오면 전부 손바닥 열 대씩 맞는다."

필자는 차마 나갈 수가 없었다. 비겁하지만, 가혹한 체벌 자체가 무서웠고, 반장이 체벌을 받는다는 것도 자존심이 상했기 때문이다. 그러다가 50명이 넘는 급우들 전부가 손가락이 부러질 정도로 열 대씩 맞았다.

자백할 시점을 놓치니까, 뒤늦게 말하기는 더 힘들었다. 선생님은 또 열 대씩이라며 매를 들었다. 친구들에게 얼마나 미안하던지. 바로 그때 단짝 친구가 손을 들었다. "제가 그랬습니다, 선생님." 이게 무슨 소린가? 필자는 귀를 의심했지만, 그 친구는 당당하게 자신이 그랬다며 교단으로 불려나갔다.

그때부터 이어진 선생님의 무서운 체벌. 수십 차례의 따귀와 몽둥이 찜질. 열 살짜리 어린이에게 가해진 그 체벌을 생각하면 지금 생각해도 그 선생님을 용서할 수 없을 것 같다. 그리고 동시에 필자가 받아야 할 가혹한 체벌을 친구가 대신 받았다고 생각하니 어린 마음에도 견딜 수 없는 죄책감이 들었다.

5학년 때 도시로 전학 와서 서울에서 대학을 다니고 직장을 구하면서 그 친구와는 단 한 번도 만날 기회가 없었지만, 언제나 마음속에서 미안함을 지울 수 없었다.

몇 년 전 수소문한 끝에 어렵게 그 친구의 연락처를 찾은 적이 있었다. 친구는 어렵게 전문대를 졸업하고 이것저것 사업도 해보다 잘 안 돼서, 지방에서 화물 트럭을 운전하며 고단한 삶을 이어가고 있었다.

떨리는 마음으로 전화를 했더니, 그 친구는 네 소식은 잘 듣고 있고 TV로도 보고 있다며 항상 자랑스럽게 생각하고 있다고 했다.

"서울 오거든 꼭 들러라. 한 번 얼굴이라도 봤으면 좋겠다"라는 이야기에 그는 대답했다. "그래, 갈 일이 있으면 꼭 연락할게." 그것이 마지막 대화였다. 그 후에 몇 번 연락했지만, 연결이 되지 않았다.

나중에 다른 경로를 통해 그 친구의 소식을 들으니, 필자와의 통화를 이야기하더라고 했다. 하지만 제대로 풀리지 않는, 그리고 상대적으로 초라한 자신의 모습 때문에 옛날 친구에게 떳떳하게 나서기가 쉽지가 않더라는 이야기를 했다는 것이다.

'별로 잘난 것도 없는 친구 만나는데, 무슨 놈의 자존심을 찾나' 라는 서운함도 있었지만, 그 친구의 입장도 이해가 됐다.

살면서 가끔은 필자와 그 친구의 관계처럼 양쪽 가운데 한편의 입장에 서 있을 때가 있을 것이다.

열등감을 주고 받는 우정은 오래 가기 힘들다

친구 간의 우정에 자존심이란 게 무슨 의미가 있냐고 반문할지 모르지만, 나이가 들어갈수록 중요해지는 게 자존심이 아닌가 싶다. 중고등학교 동창회를 가보면 이런 것을 많이 느낀다. 큰 성공은 안 했더라도 친구들 앞에 크게 부끄럽지 않은 사람들이 자리를 지킨다. 실패의 질곡에서 벗어나지 못했거나, 서 있는 자리가 동창들에게 부끄럽다고 느끼는 이들은 연락을 받아도 나오지 않는다. 연락을 해보려 해도 전화번호를 아는 사람도 없다.

열심히 살고 비슷하게 살아야 우정도 찾고 그 깊이도 깊어진다. 열등감을 느끼고 열등감을 주는 사이에선 우정을 되찾기도 힘든 것이 인정할 수밖에 없는 세상의 인심인 듯싶다.

조직생활에서 정은
불필요한 감정이다?

조직생활에도 눈물 나는 정이 있다

사회생활을 하면서 가끔은 크게 울 때가 있다. 돌이켜보면, 주위에서 냉정하다고 평가하는 필자도 직장이나 사회에서 만난 선후배 때문에 염치 불구하고 펑펑 울었던 때가 몇 번 있었다.

부모형제도 아니고, 고향친구도 아니며, 가장 친하다는 고등학교 친구도 아닌 그들을 위해 흘린 눈물은 그들이 준 정 때문이었다.

직장생활을 처음 시작했을 때 만났던 부장님은 지금도 잊지 못한다. 그분은 여러 동료들로부터 공격을 많이 당했다. 시작이 기자가 아니라는 점 때문에, 또 능력이 부족하다는 이유로 후배들에게까지 무시당하는 경우가 많았다. 그 무시하는 대열에 신출내기 기자였던 필자도 끼여 있었다.

그래도 그분은 묵묵히 맡은 일만 하는 분이었다. 필자도 부서 내 제일 막내이면서, 당돌하게도 다른 선배들의 행동에 휩쓸려 부장님에게 못되게 굴었던 적도 많았다. 하지만 필자가 쓰는 기사가 반향을 일으킬 때마다 부장님은 자신의 일인 양 진심으로 기뻐하고, 칭찬하고, 사기를 북돋워주었다.

우여곡절 끝에 그 부서를 떠날 무렵 평소에 술을 입에 안 대던 부장님이 술이 잔뜩 취해선 필자에게 연락을 했다.

"계속 붙잡아두고 싶지만 내근부서, 그것도 못난 부장 밑에 있으면 자네한테 도움이 안 되겠지? 그런데 속이 많이 상하네. 자네한테 참 정이 많이 들었는데. 다른 친구가 온다고 하지만 자네만 하겠어? 그쪽 부장한테 단단히 이야기해놨어. 잘 키워주라고. 그렇게 안 하면 내가 가만 안 둘 거다."

어떻게 보면 좀 유치한 이야기였지만, 눈물을 글썽이면서 하는 말씀이 너무나 진지해서 당황스러웠다. 하지만 부장님이 진심으로 필자를 좋아하고 있구나, 하고 생각하니 가슴이 뭉클했다.

인사가 난 지 몇 개월 뒤, 그 부장님이 간암 말기 판정을 받았다는 소식을 들었다. 그리고 2주일 뒤, 요양원에서 아침에 무리하게 조깅을 하다 쓰러져 돌아가셨다는 이야기를 들었다. 그날 하루 종일 사무실에서 하염없이 울었다. 주위에선 필자가 그 분의 조카라도 되는 줄로 착각할 정도였다.

직장생활을 20년 가까이 하면서 돌아보니, 펑펑 울었던 대상은 한결

같이 필자에게 정을 준 사람들이었다. 그때는 정말 몰랐는데 지나고 보니, 철이 들고 보니, 내가 그들의 입장에 서보니, 그들이 준 정이 얼마나 큰 것이었는지 새삼 느낀다.

헤어지면 그만인 게 직장이나 사회에서의 만남이라고 하지만, '나'를 알아주는 사람, '나'와 통하는 사람은 핏줄 못지않게 정이 든다.

이름만 대면 알 수 있는 명사 가운데 한 분이 현직에 있을 때 자신과 마음을 터놓고 지내던 언론인 한 분이 돌아가셨다. 그 명사는 상가에 들러 몇 시간을 통곡했다. 주위에 있던 많은 기자들과 지인들은 매우 당황했다. 그렇게 차갑고 냉철하고 흔들리지 않던 사람이 사회에서 만난 친구의 죽음 앞에 3일장 내내 매일 들러 목 놓아 울고 간 것이다.

직장 동료, 사회에서 만난 지인들도 어떻게 보면 삶의 동창생이다. 스쳐 지나갈 것 같은 인연 속에서도 참으로 정이 가는 사람들이 있다. 그런 사람들은 어려운 순간에도 같은 편이 돼줄 수 있는 사람들이다. 주위에 무심코 대하는 사람 중에 얼마나 소중하고 고마운 사람들이 많은지, 한번쯤 곰곰이 생각해봐야 한다.

은혜 모르는 사람이 너무 많다?

준 것은 크게, 받은 것은 작게 보인다

친척 간에 알력이 있는 집안을 가만히 뜯어보면, 묘하게도 잘못했다고 인정하는 집이 한 곳도 없다. 집집마다 서로에게 서운할 만한 그럴듯한 사정이 있는 것이다. 그러니 화해할 수가 없다. 한쪽이 잘못을 인정해야 하는데, 서로가 상대 집에 서운한 감정만 가지니 화해는커녕 감정의 골만 깊어진다.

친구 간, 동료 간, 상하 간에도 이와 비슷한 사정이 전개된다. '을'에게서 '갑'이 서운하게 하더란 이야기를 들었는데, 정작 서운하게 만들었다는 갑의 이야기를 들어보면 갑은 갑대로 을에게 서운한 감정을 갖고 있는 경우가 많다.

모두가 받은 것은 잊어버리고 준 것만 기억하기 때문이다. 인간관계가 유지되는 것은 어떤 관계든 서로 주고받는 것이 있거나 최소한 주고받을 수 있다는 기대감이 있기 때문에 가능하다.

그런데 사람들은 주고받는 것의 무게를 달리 재고 있다. 다시 말해, "그는 나를 위해 뭔가를 해줄 충분한 여력이 있으며, 그러기에 그가 나에게 준 것은 그에게는 별것 아닌 작은 것"이라고 여긴다. 반대로 "내가 그에게 해준 것은 내 능력을 넘어선 결단이었으며, 그러기에 그는 나에게 무한한 고마움을 표시해야 한다"는 것이다.

받은 것은 작아 보이고 준 것은 크게 보이는 것이 인지상정이다. 그 때문에 많은 인간관계가 갈등을 겪는 것이다. 서운함이 사라지지 않는 상대가 있을 때 몇 가지를 생각해볼 필요가 있다.

내가 그에게 준 것을 너무 크게 생각하고 있는 것이 아닐까? 그냥 도와준다면서도 반드시 돌려받아야 된다고 생각하고 있는 것은 아닐까? 그가 해주지 않아도 될 것을 응당 해줘야 한다고 나 혼자 생각하고 있는 것은 아닐까?

도와준 걸 소문내면 오히려 미움이 생긴다

작은 도움을 크게 부풀리는 사람이 있다. 이런 사람에게는 고마움은 커녕 오히려 불쾌감과 미움만 쌓인다. 고작 길 안내를 해주고는 이삿짐을 날라줬다는 사람들이다.

가난한 친척 자제의 등록금 중 일부를 딱 한 번 대주고는 4년 동안 등록금과 생활비를 다 댔다고 생색을 내는 사람이 있다. 입사지원자의 합격 여부를 확인해준 것뿐이면서도 영향력을 행사해서 합격시켰다고 소문내는 사람도 있다. 회사가 어려울 때 제일 먼저 도망가려 했다가 오라는 데가 없어 주저앉아 놓고는, 나중에 회사가 잘되니까 끝까지 남아서 회사를 사수했다고 자랑하는 이도 있다.

도움을 주지 않은 사실을 도운 것처럼 말하면 사기꾼이다. 설령 도움을 줬더라도 그 크기를 부풀려 말하는 것은 도움을 받은 상대에게 사기당한 기분을 느끼게 한다.

도움을 준 사실은 소문내지 않아야 한다. 그래야 도움을 받은 사람이 더 고맙게 생각한다. 도움을 받은 사람이 잘됐으면 "내가 도와줘서 그렇게 됐다"고 말할 것이 아니라, "그 사람은 원래 재능이 뛰어난 사람"이라고 말해줘라. 그 사람의 자존심을 세워줌으로써 그는 평생 나의 인격과 배려에 감사하는 마음을 갖게 될 것이다.

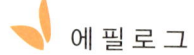 에필로그

인간관계 잘하는 사람은
포기할 수 있는 용기가 있다

    미국에 1년 동안 연수를 갔다 온 뒤 놀란 것은 내비게이션과 휴대폰 때문이다. IT강국 코리아의 위상을 그새 잊은 것은 아니지만, 고작 1년 만에 세계 어디에서도 볼 수 없는 첨단 기능을 갖춘 내비게이션이 고급차는 물론 경차나 심지어는 트럭까지 모두 매달려 있었다.
    그러잖아도 수많은 기능 때문에 혼란스러웠던 휴대폰은 그새 TV에다 각종 결제 기능까지 더하며 또 한 번 탄성을 자아내게 했다.
    하지만 여전히 변하지 않은 것이 있었다. 바로 인간관계다. 길다면 길고 짧다면 짧은 1년의 기간 동안 기술도 발전하고 패션도 바뀌고 길거리 모습도 많이 변했지만, 인간관계의 굴렁쇠는 여전히 예측 불가능한 방향으로 굴러가고 있었다.
    만나고 싶었던 사람들은 시간의 공백에도 불구하고 여전히 정다운 모습으로, 껄끄러운 사람들은 여전히 불편한 모습으로 다가왔다. 조금 달라진 것이라면, 상대에게 느끼는 불편함을 조금은 더 참아낼 수 있겠다는 자신감이었지만, 그것도 각박한 현실에서 얼마나 지속될지도 의문이었다.

이렇게 '수양'이 덜 된 저자로서 독자들에게 어떤 팁을 줬나 생각해보면 무척 혼란스럽다. 인간관계에 관한 어떤 심리학 서적의 인터넷 댓글을 보니, "책 내용대로 했는데, 되는 게 하나도 없더라"는 푸념이 적혀 있었다. 심리적 분석이 과학적이긴 하지만, 인간관계의 수많은 상황을 어떻게 일일이 심리학적 공식에 맞춰 그때그때 대입할 수 있을까.

나이가 들면서 새삼 느끼는 것은 다 아는 것이 새롭다는 사실이다. 나름대로 인간관계를 모르는 사람이 누가 있을까. 그렇다고 인간관계에 대한 부담을 느끼지 않는 사람이 얼마나 될까.

다 알지만 마음대로 안 되는 것이라면, 마음속 깊이에서 되새김질이 필요한 것이다. 사랑과 우정, 미움, 갈등, 고마움, 용서, 희생 등 관계로 인한 감성의 영역에서 '실험용 쥐'가 아닌 '사람과 사람'으로 느끼고 생각하는 되새김질이 우리 모두에게 필요한 것이 아닌가 싶다.

그리고 그 되새김질의 바탕에는 '포기할 수 있는 용기'가 깔려 있어야 할 것 같다. 상대가 못 가진 부분을 포기하고, 있는 그대로 봐줄 수 있는 용기와 아량을 가진다면 인간관계를 크게 잘하진 못하더라도 최소한 내 마음이 편해지지 않을까 생각해본다.